Johan Cruyff – der Prophet des Tores

Aufgeschrieben durch Jaap de Groot,
übersetzt von Egon Boesten.

JOHAN
CRUYFF
DER PROPHET DES TORES

Das Handbuch für attraktiven und erfolgreichen Fußball

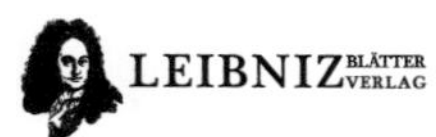

1. Auflage Juli 2019
2. Auflage August 2019

Aufgeschrieben durch Jaap de Groot

Übersetzt von Egon Boesten
Umschlag: Tobias Hartmann
Foto Titel: Getty Images
Foto Rückseite: dpa/picture-alliance

Lektorat: Jürgen Fischer

Paperback: ISBN 978-3-9820573-0-9
E-Book: ISBN 978-3-9820573-1-6
www.CruyffBuch.de
www.nieuwamsterdam.nl
www.johancruyff.com

INHALT

ZUM GELEIT

Johan Cruyff starb am 24. März 2016. Ein halbes Jahr danach erschien seine Autobiografie Mijn verhaal (Deutsch: Mein Spiel, Piper-Verlag), die weltweit viel Aufsehen erregte. Die Reaktionen verdeutlichten vor allem, dass es noch ein großes Interesse an Cruyffs Arbeit und Ideen gibt. Nach Überlegungen mit seiner Familie wurde deshalb der Entschluss gefasst, nach Mijn verhaal jetzt Mijn voetbal zu veröffentlichen. Es handelt sich hierbei um eine aktualisierte Fassung des anlässlich seines 65. Geburtstages publizierten Buches Voetbal.
Während Cruyff in Mijn verhaal die Bilanz seines Lebens in den Vordergrund stellt, umfasst Mijn voetbal seine besonderen Einsichten über den Fußball. Nach Cruyff ein wunderschönes und einfaches Spiel, an dem man besonders viel Freude haben soll. In dieser Atmosphäre ist die 2012 erschienene Version auch geschrieben worden.
Dieser Aspekt ist in Mijn voetbal nicht angetastet worden. Allerdings sind einige Kapitel anhand der von Cruyff zwischen 2012 und 2016 im Sportteil der Tageszeitung Telegraaf veröffentlichten Kolumnen auf den aktuellen Stand gebracht worden. Vor diesem Hintergrund wurde beschlossen, mit diesen Originaltexten das Buch um zwei Kapitel zu ergänzen.
Dem Buch ist eine bemerkenswerte Änderung hinzugefügt worden. Im Anschluss an das Vorwort folgen die 14 Regeln von Johan Cruyff aus

seinem Geburtsjahr 1947 – damals die Basis für einen Jungen, der später der beste Fußballer der Welt werden sollte. Diese 14 Regeln tauchen am Ende des Buches Mijn voetbal wieder auf. Sie symbolisieren dabei die Entwicklung, die Cruyff nicht nur als Fußballspieler, sondern auch als Mensch erlebt hat. Es sind die Regeln, die inzwischen zu jedem neu installierten Cruyff-Court mit speziellen Straßenfußball-Spielfeldern gehören.
In der ersten Ausgabe des Buches stand über den Regeln die Jahreszahl 2012, das Jahr, in dem Johan Cruyff 65 Jahre alt wurde. Diese Zahl wurde geändert in die Zahl 2016, dem Jahr, in dem Johan Cruyff starb.

VORWORT

Die Idee zu diesem Buch entstand vor vielen Jahren. Um meinen 60. Geburtstag herum. Viele begeisterte Leute waren damals damit beschäftigt, mir zu Ehren Überraschungen zu organisieren. In den meisten Fällen gut gemeint, aber ich hatte immer das Gefühl, die Regie über meine eigene Situation zu verlieren.

Schließlich hat die Familie eingegriffen – und es konnte noch ein ganz normaler Geburtstag gefeiert werden.

So dann entstand die Idee, das Ganze umzukehren. An meinem 65. Geburtstag sollten sich nicht andere für mich etwas überlegen, sondern ich mir für andere.

Deswegen dieses Buch. Über ein Leben mit und für den Fußball. Ein tolles und einfaches Spiel, bei dem man vor allem viel Freude erleben sollte. Dieses Buch ist darum für jeden. Für Jung und Alt, für den Amateur ebenso wie für den Profi, um deutlich zu machen, dass man sogar auf höchstem Niveau Fußball genießen muss. Aber um auch klarzustellen, dass jeder ein besserer Fußballer werden kann. Nur – dies gelingt nicht an einem einzigen Tag. Möchte man von Null auf Hundert kommen, dann muss dies Schritt für Schritt passieren. Ich kann nur jedem raten: Akzeptiere, dass du Fehler machst, weil Fußball nun mal ein Spiel von und mit Fehlern ist. Sich selbst zu verbessern heißt dann auch, anstatt fünf Fehler nur noch vier zu machen.

Wichtig ist, dass auf jedem Niveau die gleichen Basisregeln gelten. Nimm einfach zur Kenntnis, dass das Einfachste meist das Schwierigste ist. So sehe ich es als maximale Technikfertigkeit an, den Ball einmal richtig zu treffen. Aber um den Ball einmal richtig zu treffen, muss man ihn hundert Mal richtig getroffen haben.

In einer Zeit, in der man sich Fußball noch zu oft wissenschaftlich nähert, möchte ich zeigen, dass Fußball einfach ist und bleibt. Deswegen gibt es in diesem Buch keine Grafiken und Trainingsformen. Ich erzähle in meinen Worten, wie ich Fußball sehe und erfahre. So wie ich das gegenüber meinen Enkeln sage, aber auch mit Top-Trainern rede, die sich austauschen wollen. Denn je mehr Menschen dieses begreifen, desto deutlicher kommt die Botschaft an.

Die Botschaft lautet, Fußball ist nicht nur ein einfaches Spiel, sondern ist sogar eine Art Lebensführung. Je mehr Menschen das begreifen, desto schöner wird es, nicht nur auf dem Platz, sondern auch darüber hinaus.

Johan Cruijff

1947

1 Der Ball
2 Schießen
3 Annehmen
4 Passen
5 Dribbeln
6 Treiben
7 Kopfball
8 Üben
9 Technik
10 Angreifen
11 Verteidigen
12 Zusammenspielen
13 Übersicht
14 Spielfreude

1
DIE STRASSE

Es beginnt auf der Straße.
Dort wird Fußball entdeckt und entsteht die Liebe zum Spiel. Auf der Straße lernt man, wie man dribbeln muss, mit der Bordsteinkante Doppelpass zu spielen und an der Mauer schießen und passen zu üben, den Ball anzunehmen. So wird die Grundlage gelegt, um den Ball zu beherrschen. Aber nicht nur das. Man bekommt eine bessere Körperkontrolle, weil Fallen auf der Straße nun einem ziemlich weh tut.
Auch entwickelt man auf ganz natürliche Art und Weise Übersicht. Das fängt schon an bei der Mannschaftswahl mit dem Schulhofspiel Piss – Pott, das meist gespielt wird, um festzustellen wer als erster für seine Mannschaft wählen darf.
Es beginnt also schon, bevor das Spiel angefangen hat. Du gewinnst an Bauernschläue, was nicht nur im Fußball, sondern auch darüber hinaus von Vorteil ist.
Über den Straßenfußball geht es zum Schulhof; der nächste Schritt ist dann die Schulmannschaft oder der Verein. Dann schließt sich der Kreis. So ging das zu meiner Zeit, aber leider hat sich das mancherorts verändert. Über die Jahre hinweg sind vor allem in Städten viele Plätze und Grünanlagen verschwunden, mussten Straßen weichen. Obwohl man heutzutage viel schneller Vereinsmitglied werden kann, ist das kein

Ausgleich zu den Trainingsstunden auf der Straße.
Bei uns wird das in einigen Vierteln durch ein Cruyff-Fußball-Feld kompensiert. Ein multifunktionaler Trainingsplatz, der auf effektive Art und Weise die Rolle der Straße übernehmen kann. Es gibt eine moralische Verpflichtung im Hinblick auf die Jugend, solche Initiativen zu ergreifen.

2
DER VEREIN

Über den Straßenfußball geht es zum Verein. Man wird Mitglied und gehört dazu. Das ist schon etwas Besonderes. Ob es nun bei Ajax ist oder im friesischen Bedum, das ist egal. Die Stutzen, die Hose, das Trikot – all das ist nicht nur von dir, sondern auch vom Verein. Es handelt sich oft um einen enormen Schritt, den man macht. Und das hat einen großen Einfluss. Das muss ein Verein berücksichtigen: Die Kinder kommen von der Straße, wo sie unkompliziert Fußball gespielt haben. Das darf beim Verein nicht verloren gehen. Der große Unterschied besteht darin, dass ein Verein einem Kind ermöglicht, auf Rasen zu spielen – und immer mit einem Ball. Deshalb bin ich ein großer Anhänger davon, gerade in den Sommermonaten die Spielfelder zu öffnen. Zwei Monate, in denen die Temperatur am angenehmsten und der Rasen am schönsten ist. Ideale Rahmenbedingungen, mit denen man viele Mitglieder werben kann. Selbst wenn man kein Fußballfanatiker ist, ist es nur ein kleiner Schritt, um Fußball zu spielen. Gerade in den Sommerferien und kurz danach ist die Vorfreude auf den Ball am höchsten. Auch und vor allem deshalb, weil durch die Veränderungen in den Städten die Gelegenheiten für den Straßenfußball immer weniger werden. Als ich selbst noch jung war, war es eigentlich egal, ob das Ajax-Terrain geöffnet war oder nicht. Der Verein hatte noch eine Baseball-Abteilung, also spielte man nach der Fußballsaison weiter mit einem Ball. Darüber hinaus gab es in Amsterdam-Betondorp so viele Wiesen

und Plätze, das man die fußballlose Zeit locker überbrücken konnte. Aber die Zeiten haben sich geändert, und darum kann ich es nicht verstehen, dass die Regelungen zur Freigabe der Fußballfelder in den Sommermonaten nicht angepasst werden. Die Jugend will gerade dann spielen, also gebt ihnen so oft wie es geht die Möglichkeit dazu – mit Ball. Bei den ersten Trainingseinheiten nach langen Ferien gibt es für Mädchen und Jungen nichts Schlimmeres als Runden laufen zu müssen. Eine Saison ohne den Ball zu beginnen geht gar nicht und mir soll ja keiner erzählen, dass man zuerst an der Kondition arbeiten muss, das macht überhaupt keinen Sinn. Ein gesunder Junge oder ein gesundes Mädchen ist auch im Urlaub aktiv. Die Kinder sind aktiver als während der Schulzeit, wenn sie um und bei sieben Stunden im Unterricht sitzen. Konditionell müssen die nach den Ferien nichts zusätzlich machen.
Ich bin allerdings auch ein Befürworter davon, während der ersten Trainingsnachmittage alle Ballübungen und Spielchen mit Gymnastik abzuwechseln, pro Training etwa nur zehn bis fünfzehn Minuten, das dann aber regelmäßig täglich zu wiederholen. Die Realität zeigt, dass die körperliche Verfassung vieler Kinder sich verschlechtert. Die Zahl der Sportstunden in Schulen geht zurück, dadurch haben die Trainer in den Vereinen die verantwortungsvolle Aufgabe, dies auszugleichen. Deshalb während der Ballübungen Gymnastik. Auf die Dauer wird dies zur Gewohnheit und zur normalsten Sache der Welt.
Dies macht viel Sinn im Hinblick auf die Zukunft. Gerade weil der Körper in diesem Lebensabschnitt enorm wächst. Beispielsweise die sinnvollen Bauchmuskelübungen, bei der man den liegenden Oberkörper aufrichten muss. Durch das Wachstum entsteht eine große Spannung auf die Muskeln. Je besser die Bauchmuskeln entwickelt sind, desto besser können Anspannungen ausgeglichen werden. Dadurch werden oft vorkommende Muskelverletzungen später vermieden.
Stretching oder Dehnen lernt ein Kind so quasi im Vorbeigehen. Zuhause oder auf dem Feld, das ist egal. In den USA wird dies von Klein an beigebracht, und wenn sie zehn Jahre alt sind, ist es ihnen in Fleisch und Blut übergegangen. Vor dem Training oder vor dem Spiel, als ganz normaler Bestandteil des Warming-up, werden die Muskeln zuerst ausgiebig gedehnt. Auch dies ist gewissermaßen eine Zukunftsinvestition, weil dadurch die Gefahr von Muskel- oder Sehnenverletzungen reduziert wird.

Gymnastik als Abwechslung im Training, bei dem der Ball im Mittelpunkt steht. In der Saisonvorbereitung wechseln sich kleine Spielchen ab mit speziellen Übungseinheiten der fünf Basis-Bestandteile des Fußballs: schießen, köpfen, dribbeln, Ball treiben und Ball stoppen. Der Vorteil dieses Programms ist, dass man von der ersten bis zur letzten Minute wirklich mit dem Ball beschäftigt ist.
Bei den Spielen bevorzuge ich kleine Mannschaften. Zum Beispiel 5 gegen 5 auf kleinem Spielfeld. Möchte man die Handlungsschnelligkeit und Kondition testen, kann man die Mannschaftsgröße reduzieren auf Teams mit drei Spielern. Ein anderer Trick, um die Ausdauer zu verbessern, ist das sogenannte Wechselsystem. Voraussetzung ist dabei ein hohes Tempo, zum Beispiel mit sechs Spielern im Spiel 5 gegen 5, bei dem jede Minute gewechselt wird.
Der Vorteil besteht darin, dass alle Spieler mit einbezogen werden; auf großem Feld ist das weniger der Fall. Sind die Spieler nach ein paar Minuten müde, kann man durch die Technikübungen wieder zu Atem kommen.
Das kann man als Jugendtrainer so abwechslungsreich gestalten, wie man will – solange man den spielerischen Aspekt im Auge behält. Wenn man beispielsweise die Schusstechnik trainieren lässt, dann verfehlen langatmige Erklärungen bei den Jungs häufig das Ziel. Wenn man sie schnell erreichen will, ist es am einfachsten, einen Spieler dies mit seinem Schussbein vormachen zu lassen. Danach soll derselbe Spieler mit seinem ungeliebten Fuß die Übungen wiederholen. Jeder kann dann schnell die Unterschiede zwischen beiden Ausführungen erkennen. Dadurch wird klar, weswegen man immer beidfüßig üben und trainieren muss.
Die Basisübungen des Fußballs abwechselnd mit Gymnastikübungen zu trainieren ist meiner Meinung nach ideal, um die Jugendlichen zu begeistern und die Begeisterung aufrecht zu erhalten. Die Jungen und Mädchen machen mit, und durch die große Abwechslung im Training ist man gleich ein paar Schritte vorwärts gekommen.
Zum Beispiel das Kopfballspiel. Bei einem Spiel, in dem der Ball nur per Kopf gespielt werden darf, werden Kopfballtechnik und das Timing trainiert. Wenn man in der Kleingruppe den Kopfball nach Flanken trainiert, dann stehen Aspekte wie eben Timing, Sprungkraft,

Koordination, Positionsspiel und auch die Schusstechnik im Vordergrund und werden angesprochen. So gibt es noch viele Möglichkeiten. Es geht darum, auf spielerische Art und Weise die Jugend zu beschäftigen, gleichzeitig weiter zu entwickeln. Haltet die Spielfreude und Begeisterung hoch, dann werden sie gleich am nächsten Tag mit der gleichen Begeisterung wieder zum Training kommen.
Sie wollen nun einmal Rasen und Ball fühlen.
Kümmere dich darum!

3
DIE SAISON

Wenn im September die Saison beginnt, kann das Trainingsprogramm vom August ganz normal weiter laufen. Vor allem wenn die Plätze noch gut aussehen, ist eine Gymnastikübung ideal als Erholungspause nach einem intensiven Balltraining. Besonders wenn die Spieler jung sind, ist es wichtig, sie so gelenkig wie möglich zu machen und auch so zu halten. Gelenkigkeit steht für gute Körperbeherrschung, die essentiell im Fußball ist. Wenn du als Spieler die Kontrolle über deinen Körper hast, dann bist du auf dem Platz immer im Vorteil.
Beispielsweise die Altersgruppen bis 14. Weil alle zu diesem Zeitpunkt in einer Wachstumsphase sind, muss jeder in Schuhen auf fester Gummischuhsohle stehen. Also bloß keine Schraubstollen. Es ist in diesem Alter ganz einfach schlecht für Muskeln und Sehnen. Mit fester Sohle und einer guten Körperhaltung kommt man unter allen Bedingungen gut zurecht. Man achte darauf: Spieler mit einer guten Körperbeherrschung rutschen niemals aus.
Und doch machen viele Jugendfußball-Übungsleiter den Fehler, junge Spieler zu anderem Schuhwerk zu überreden, wenn sie öfter ausrutschen. In neun von zehn Fällen ist dies eine schlechte Lösung, weil die einzige Ursache die schlechte Körperbeherrschung ist.
Ich selbst trainiere bis auf den heutigen Tag in Schuhen mit festen

Sohlen. Ab meinem vierzehnten Lebensjahr habe ich nur mit ganz wenigen Ausnahmen mit Schraubstollen gespielt. Sogar wenn der Platz glatt und triefend nass war, spielte ich noch mit den flachsten Noppen. Und doch rutschte ich selten aus, was allein an meiner Körperbeherrschung lag.
Wenn du also noch keine 14 bist, bleib einfach bei Noppensohlen. Rutscht du häufig aus oder verlierst du oft das Gleichgewicht, trainiere dann deine Gelenkigkeit und Körperhaltung. Zum wiederholten Male: Gymnastik, Dehn- und Stretch-Übungen sind dann ein prima Hilfsmittel. Ab dem 14. Lebensjahr kann man überlegen, inwieweit Schraubstollen sinnvoll sind. Wenn du in einer unteren Mannschaft spielst oder Freizeitfußballer bist, solltest du ganz normal bei Noppensohlen bleiben.
Spielst du in der ersten Mannschaft, dann gehört die Auswahl des Schuhwerks zu den wesentlichen Aspekten des Handwerks. Aber auch hier bleibe ich dabei, dass man auch hier so lange wie möglich probiert, auf Noppensohlen zu spielen.
Ein Abwehrspieler, der auf einem schlechten und umgepflügten Teil des Spielfeldes steht, kann beispielsweise Spezialstollen benutzen. Aber selbst dann bin ich kein Befürworter von langen Stollen. Man hat vielleicht einen besseren Stand, aber man steht auch fest im Boden, und mit nur einem bisschen Pech verdreht man sich das Knie oder ein anderes Gelenk.
Eine neue Saison bedeutet meist auch neue Schuhe. Besonders bei den ersten Malen müssen sie nass gehalten werden, und es ist auch besser, sie zuerst auf einem nassen Spielfeld auszuprobieren. Neue Schuhe, die einfach so aus der Schachtel genommen auf einem trockenen Spielfeld eingelaufen werden, verursachen nur schmerzende Blasen, die dich im Spiel behindern und bremsen.
Wichtig bei neuen Schuhen ist, dass sie sich gut anfühlen und gut passen. Selbst ziehe ich Schuhe an, die anfangs ein bisschen eng sitzen, nach einer gewissen Zeit haben sie sich gut deinen Füßen angepasst und das Ballgefühl ist optimal.
Zu große Schuhe sind einfach nur ärgerlich. Man läuft sich Blasen an den Absätzen und das Ballgefühl leidet darunter. Neben den Schuhen müssen auch die Stutzen gut sitzen und soll jeder Jugendfußballer mit Schienenbeinschonern spielen. Natürlich ist das anfangs ungewohnt, aber das ist wirklich nur eine Frage der Gewöhnung. Sie sorgen auf jeden Fall für

mehr Sicherheit, und das ist gut.
Ich achte immer darauf, wie die Jugend sich um sich selbst kümmert. Auch darin besteht für Trainer, Jugendleiter und Eltern eine große erzieherische Aufgabe. Fordert man von einem jungen Spieler, gut auf sich aufzupassen, dann wird damit persönliche Verantwortlichkeit gefördert und entwickelt. Ernsthaft Sport betreiben geht nicht ohne Disziplin. Deshalb soll ein Junge oder ein Mädchen selbst die Fußballtasche packen und selbst die Schuhe putzen. Sie erfahren dadurch viel mehr ihren Sport. Lass sie auch gut auf die Details achten. Zum Beispiel bei den für den Fußball wichtigen Füßen. Die Fußnägel müssen immer geschnitten sein, und man achte darauf, dass die Füße nach dem Duschen gut abgetrocknet werden.
Ich habe schon erwähnt, dass jeder Jugendspieler seine Tasche selbst packen muss, und es ist wohl klar, dass dies vernünftig geschehen muss. Neben der Spielkleidung also auch jedes Mal ein Trainingsanzug, Toilettenartikel auch Ersatzmaterial wie beispielsweise Schnürsenkel.
Wenn man gut auf Körper und Spielkleidung achtet, wächst in jungen Jahren das Verantwortungsgefühl; der junge Spieler ist mehr in seinem Sport einbezogen und engagiert. Ein Sport, auf den man sich ernsthaft einlassen muss, gerade weil man es mit zehn anderen Menschen in einer Mannschaft zu tun hat. Nichts ist nerviger als mit Spielern Fußball zu spielen, die durch ausgewiesenes Desinteresse agieren. Also egal wie hoch oder niedrig du spielst, gib immer dein Bestes. Nicht nur für dich selbst, sondern auch für die anderen.
Nach den ganzen Trainingstagen wird es nun Zeit, ans Spiel zu denken. Wenn die Schuhe gut sitzen, dazu ein gut passendes Trikot mit Hose und Stutzen und eine gute Verfassung, dann gibt es nur noch ganz wenig, was einen guten Fußballnachmittag ausmacht. Ganz besonders dann nicht, wenn die Vereinsführung gute Bälle besorgt hat. Einen Ball, der der Altersgruppe angemessen ist.
Denn der beste Ball ist immer noch der, den du als Spieler beherrschst.

4
DIE FREUDE AM SPIEL

Ohne Freude am Fußball kommen die Jugendlichen nicht auf den Platz. Deshalb ist es wichtig, für Spielfreude und Begeisterung während der Trainingsnachmittage und Spiele zu sorgen, ohne dass sich der junge Fußballer im Alter von 15 oder 16 vom Fußball abwendet, wie es leider noch viel zu oft passiert.

Bis zum Alter von 14 strotzen die lernbegierigen Spieler vor Enthusiasmus. Sie lachen und bringen eine Begeisterung mit, die ansteckend ist. Nur scheint sich dies bei den B-Junioren drastisch zu verändern. Bei einigen Spielern sinkt die Spielfreude und wird weniger Begeisterung geweckt. Es scheint häufig so, dass sie plötzlich mehr mit etwas Pflichtmäßigem beschäftigt seien. Das ist eine Todsünde und für mich unbegreiflich. Auf die eine oder andere Art und Weise passiert um das 15. Lebensjahr etwas im Inneren des jungen Fußballers. Beachte dies als Trainer und betone deshalb mehr die positiven Aspekte des Sports. Während der Pubertät ist diese Herangehensweise meiner Meinung nach essentiell.

Darum muss beim Training der Ball, um den es sich schließlich zu jederzeit dreht, im Mittelpunkt stehen, und es muss Schritt für Schritt bei den Jungen und Mädchen das Gefühl geweckt werden, dass sie miteinander ein Ziel anstreben. Trainiere deshalb weiter, auch wenn du einmal keine Lust dazu hast. Lache darüber – auch wenn du einmal im Regen spielen

musst. Und sorge dafür, dass ihr immer mit elf Leuten auf dem Platz steht!
Auch Eltern, Trainer und Jugendleiter müssen dabei mitmachen, und zwar genau in dieser so wichtigen Übergangsphase von reinem Spaß-Fußball zum Leistungsfußball, so wie das häufig ab dem B-Juniorenjahrgag der Fall ist. Der Fußballer steht dann im Mittelpunkt, nicht der Stolz von Vater oder Mutter, die Leistung des Trainers oder die Ambitionen des Jugendleiters.
Ich habe dazu eine Übersicht erstellt, wie jede Altersgruppe funktioniert und was dazu eventuell ergänzt werden muss. Dabei bin ich vor allem von meinem Bauchgefühl ausgegangen, weil für die Probleme, die sich nach der Zeit im C-Junioren-Jahrgang auftun, keine festen Regeln existieren.

BIS 10 JAHRE

Lass sie erst den Ball kennen und beherrschen lernen. Die Praxis lehrt, dass der technisch besser geschulte Spieler automatisch mehr für die Mannschaft spielen wird. Sie haben Spaß am Spiel und lass' sie das auch behalten. Dränge peu à peu darauf, dass sie den Ball auch abspielen müssen. Bremse den vorsichtig, der zu viel dribbelt und versuche den, der sich zu sehr zurückhält, wieder mehr ans Dribbeln zu bekommen. Erziehe die Kinder, ohne dazu Forderungen aufzustellen.

10 BIS 12 JAHRE

Die Anforderungen werden größer. Stelle die Spieler bewusst auf eine Position, aber lass' sie vor allem Fußball spielen. Auch in dieser Altersgruppe gilt, dass der Druck entschärft und in Maßen abgemildert wird.

C-JUNIOREN

Sozusagen die Spitzengruppe. Das ist die Altersgruppe mit den meisten Möglichkeiten. Sie nehmen ziemlich viel und am meisten auf, deshalb kann man hier an den Details arbeiten. Wie verteidigt werden muss und wie man angreift, aber auch hier gilt, dass jeder neue Schritt vorsichtig getan werden muss. Übrigens scheint es so, als ob in dieser Phase der Endpunkt der Jugendjahre erreicht wird.

B-JUNIOREN

Die schwierigste Gruppe. Manchmal auch wegen der Pubertät. Meistens bedeutet der Übergang von der C-Jugend zur B-Jugend der Beginn einer ganz neuen Phase. Vielleicht möchte man in dieser Zeit genauso weitermachen wie zum Ende der C-Junioren-Zeit, aber das scheint in der Praxis nicht immer zu funktionieren, weil sich viele grundlegende Dinge geändert haben. Vor allem im Hinblick auf die Spielfreude. Deshalb es ist es wichtig, zu den Grundprinzipien zurückzukehren und sehr viel Wert auf die Freude am Spiel zu legen.

A-JUNIOREN

Die letzte Station. Spieler werden zum ersten Mal als Erwachsene gesehen und auch behandelt, und es wird immer mehr unterschieden zwischen Leistungs- und Freizeitfußball.
Weil für die zweite Gruppe der Spaß am Spiel sowieso im Mittelpunkt stehen muss, will ich noch kurz auf den Fußballer eingehen, der mehr will. Ausgangspunkt ist und bleibt auch dann, dass Spielfreude und Begeisterung optimal sein müssen.
Diese Aspekte können während der Trainingseinheiten angeregt werden, aber auch durch eine Art Prämiensystem. Ich meine damit eine Belohnung in Form von kleinen Besonderheiten, wodurch der Spieler den Eindruck gewinnt, dass er mehr erreicht hat. So etwas kann ganz einfach bei jedem Verein schaffen: die A-Junioren können mit besseren Bällen spielen oder dürfen auf dem Hauptspielfeld trainieren. Je nachdem welche Möglichkeiten ein Verein hat, kann man dies ausgestalten. Essenziell ist, dass der Fußballer merkt, dass er durch das Erreichen
eines bestimmten Ziels auch eine Belohnung erhält. Er musste mehr dafür tun, sorge also auch dafür, dass dem etwas gegenüber steht. Im Interesse sowohl des Spielers als auch des Vereins.
Zum Schluss noch eine weitere Anmerkung. Während der Ausbildung müssen die guten Spieler immer spielen. Gibt es zwei talentierte Rechtsaußen, mache dann bitte nicht den Fehler, einen von beiden auf die Bank zu setzen. Setze den einen auf Rechtsaußen und den anderen auf eine andere Position, denn Talente müssen immer spielen.

5
TECHNIK

Ich versuche jedes Mal die Bedeutung von Spielfreude bei der Jugend zu unterstreichen. Egal ob trainiert oder gespielt wird – junge Mädchen und Jungs müssen vor allem Spaß haben, wenn sie mit ihrem Sport beschäftigt sind. Deshalb muss auf
jedem Niveau an den technischen Fertigkeiten gefeilt werden. Fußballer mit einer athletischen Figur, aber auch die mit krummen Beinen, einem dicken Bauch oder wenig gelenkigen Füßen; alle müssen sie dazu befähigt werden, ihre eigene Geschicklichkeit zu erweitern.
Ich möchte damit ausdrücken, dass Techniktraining nicht nur für Talente wichtig ist, sondern auch für die hunderttausende Freizeitkicker. Wenn man über Freizeitfußball spricht, meint man vor allem Spaß und Geselligkeit. Fußball macht nur dann Spaß, wenn jeder an den Ball kommt und damit auch tatsächlich etwas anfangen kann.
Das Einfachste ist, wenn jeder Spieler ein Ball annehmen und einen Ball abspielen kann. Dann macht es auch Spaß, mit der Mannschaft zu spielen. Selbst der schwächste Fußballer kann sich die einfachsten Aspekte des Fußballs aneignen: das Annehmen und Abspielen des Balls. Das ist der Ausgangspunkt für jeden Jugendspieler, und auf dieser Grundlage kann die technische Geschicklichkeit weiter entwickelt werden.
Techniktraining kann folgendermaßen eingeteilt werden: zuerst das

Lernen der Technik, das funktional passiert. Alles auf dem Fundament Ballkontrolle. Je mehr ein Spieler das Gefühl bekommt, dass er den Ball beherrscht, desto besser kann er seine technischen Fertigkeiten entwickeln.

An dieser Stelle zwei einfache, aber sehr nützliche Trainingsformen:

DAS ANNEHMEN, KONTROLLIEREN UND ABSPIELEN DES BALLS

Wer dies kann, kann es nachher ausführen ohne dauernd auf den Ball zu sehen. Die Übersicht vergrößert sich, wodurch die ganze Aktion bedeutend schneller ausgeführt werden kann.

- Erhöhe die Ballgeschwindigkeit und den Schwierigkeitsgrad, indem dies mit Gegenspielern geübt wird.
- Versuche diese Übung abwechselnd mit dem linken und rechten Fuß.

Diese Übung kann weiter durchgeführt, bis der höchste Grad von Perfektion erreicht ist.

Wie schwierig das Letztgenannte ist, wird durch die Tatsache deutlich, dass während meiner Trainerzeit bei Ajax in der Mannschaft nur Arnold Mühren dazu in der Lage war. Arnold war technisch so stark, dass er zwei der genannten Fertigkeiten in einer einzigen Aktion unterbrachte. Er nahm beispielsweise den Ball in der Luft an, wobei Ballannahme und Ballkontrolle in einer fließenden Bewegung abliefen. Dadurch war der Ball sofort spielbereit. Weil Arnold während der Bewegung nicht auf den Ball sah, behielt er so viel Übersicht, dass er sich den Ball so vorteilhaft zurechtlegte, um ihn so mit links wie auch mit rechts abspielen zu können.

BALL HOCHHALTEN

- Fange an, den Ball mit deinem starken Fuß so oft wie möglich hochzuhalten.
- Wenn das gut klappt, versuche auch andere Körperteile mit einzubeziehen. Also den Ball nicht nur mit dem starken, sondern auch mit dem schwachen Fuß hochhalten, mit dem Kopf, Oberschenkel, Brust und

sogar mit der Schulter.

- Aus dem Stand heraus kann diese Übung auch laufend ausgeführt werden. Laufgeschwindigkeit und Abstand können dazu immer mehr vergrößert werden.
- Erhöhen des Schwierigkeitsgrades. Schieß' den Ball zum Beispiel über deinen Kopf, dreh' dich schnell um, nimm den Ball wieder auf, bevor er den Boden berührt und halte den Ball weiter hoch.
- Das Ballhochhalten mit Fuß und/oder Kopf kann zu zweit oder sogar mit mehreren durchgeführt werden. Der Schlusspunkt kann dann eine Spielform wie Fußballtennis sein, wobei der Ball nach einmaligem Aufprall spätestens mit dem dritten Kontakt übers Netz in die gegnerische Hälfte gespielt werden muss. Auch bei diesem Spiel gibt es viele Variationen, zum Beispiel als Aufschlag einen Volley-Kick oder die Regel einbauen, dass der erste Ball zurückgeköpft werden muss. Übers einfache Ballhochhalten hat das Spiel schließlich Wettkampfcharakter erhalten.

Natürlich sind die meisten Aspekte der letzten Trainingsform nicht unmittelbar fürs Spiel bedeutsam. Aber sie sind ziemlich nützlich, um zu lernen, die Kontrolle über den Ball zu behalten.

Um es ganz deutlich zu sagen: Wenn ein Jugendspieler jemals im Fußball weiterkommen will, dann muss er zuerst lernen, den Ball zu beherrschen. Ohne diese Grundlagen wird es niemals zu anderen Fähigkeiten wie Übersicht, Passen, Kombinieren usw. kommen.

Es ist absolut notwendig, diese Spielchen, so einfach sie auch zu sein scheinen, regelmäßig im Training zu wiederholen. Dies gilt vor allem in der Phase, in der der Jugendspieler sich noch im Wachstum befindet. Wenn das in dieser Phase vernachlässigt wird, dann besteht die Gefahr, dass über alle Wachstumsschübe hinweg das Ballgefühl zum großen Teil wieder verschwindet.

Deshalb habe ich für den Anfang zwei Trainingsformen besprochen. Zwei Trainingsformen, bei denen das Lernen der Technik (Kontrolle über den Ball) und das Anpassen an die Wettkampf- und Spielsituation angesprochen werden. Sie bilden lediglich den Ausgangspunkt für Hunderte von spielerischen und schönen Übungen.

6
TRAINING UND SPIELPRAXIS

Nach den Übungen mit dem Ball muss das Training in Richtung Spielpraxis ausgerichtet werden. Dabei ist es bedeutsam, dass die Jugendspieler frei aufspielen können, ohne Angst davor zu haben zu verlieren, aber vor allem mit viel Spaß am Spiel. Aber locker aufspielen geht nur, wie wir im vorherigen Kapitel gesehen haben, wenn der Ball beherrscht wird. Daran muss während des Trainings gearbeitet werden.
Ein ausgezeichnetes Hilfsmittel ist das System mit zwei Außen, das sogenannte 4-3-3. Also mit vier Abwehrspielern, drei Mittelfeldakteuren und drei Angreifern. Besonders für junge Spieler ist das eine gute Formel, weil es jedem Raum gibt und das Spiel im wahrsten Sinne des Wortes offener wird. Ein etwas weniger talentierter Junge kann es sich erlauben, einen Ball vom Fuß springen zu lassen, ohne dass es gleich zum Ballverlust führt. So wird das Selbstvertrauen nicht angegriffen und er kann sich allmählich daran gewöhnen, die im Training gemachten Erfahrungen im Spiel anzuwenden.
Aber nicht nur das. Das Spiel mit zwei Außen ist als Lernprozess ideal, weil der junge Spieler auf natürliche Art und Weise mit allen Aspekten des Fußballs konfrontiert wird und in Kontakt kommt.
So zum Beispiel der Außenstürmer, der immer einen direkten Gegenspieler hat. Sowohl Angreifer wie auch Verteidiger befinden sich in einer

1-gegen-1-Siuation, in der der eine den anderen ausspielen will, der andere aber genau dies verhindern muss. Ein Problem, für das beide Spieler verantwortlich sind. Das verschwindet, wenn in einem anderen System gespielt wird, beispielsweise mehr zusammen stehend.
Auch für Mittelfeldspieler ist diese Art zu spielen eine gute Schule. Es gibt mehr Raum und jeder Spieler kann den Ball auf beiden Seiten spielen. Der Schwierigkeitsgrad ist geringer, jegliche Trainingsarbeit kann auf alle möglichen Arten und Weisen ans Spiel angepasst werden, die Spielfreude ist dadurch optimal.
Denn Spaß am Spiel hat man nur, wenn man den Ball hat; und – wie ich gerade versucht habe, deutlich zu machen – mit dem 4-3-3-System kommt jeder Spieler an den Ball, unabhängig von seinem Niveau. Das Spielfeld ist schön breit und nicht jeder Fehler hat ärgerliche Folgen.
Ich werde nun anhand der Aufteilung in Altersgruppen versuchen deutlich zu machen, wie das Anspruchsniveau höher geschraubt werden kann. Ich spreche dann übers große Ganze, weil manchmal etwas auch situationsabhängig in die eine oder andere Richtung verändert und angepasst werden muss.

F- BIS D-JUGEND

An dieser Stelle müssen wir nicht großartig differenzieren. Lass' sie einfach mit dem Ball trainieren und gib ihnen im Spiel die Möglichkeit, etwas auszuprobieren. Das 4-3-3 ist dazu ein ideales Hilfsmittel.

C-JUGEND

Hier möchte ich einen deutlichen Unterschied zwischen dem ersten und zweiten Jahr in der C-Jugend machen. Abermals mit dem 4-3-3 als Ausgangspunkt. Ein Junge oder Mädchen, zum ersten Mal C-Jugend spielt, wird in dieser Phase quasi ins kalten Wasser geworfen. Als Jugendleiter oder Trainer kommt man daran aber nicht vorbei. Sie haben gerade die Grundschule verlassen und müssen einen Platz in ihrem neuen Leben finden. Eine Situation, die tatsächlich zu vergleichen ist mit dem Übergang von der jungen D-Jugend in die große C. (Anmerkung der Redaktion: Die Grundschulzeit in den Niederlanden dauert vom vierten bis zum zwölften Lebensjahr.)

Darum brauchen sie innerhalb der Mannschaft vor allem erst mal Ruhe. Deshalb sollte man an der Mannschaftsaufstellung nicht zu viel herumbasteln, sondern jedem Spieler in den ersten drei bis vier Monaten eine feste Position zuordnen. Sie müssen im Kopf eine Menge verarbeiten und sich an das höhere Tempo in der neuen Umgebung gewöhnen, in der sie sich jetzt befinden.

Im zweiten C-Jugendjahr gibt es einen Bewusstseinsprozess, den man sehr gut einbeziehen kann. Die Spieler haben sich an die neue Umgebung gewöhnt und sind überraschend lernbegierig. Oftmals ist man erstaunt, wie schnell in diese Phase bestimmte Dinge begriffen werden. Ehe man sich umsieht, trainiert man mit den talentiertesten Spielern sogar Trainingsformen wie Doppelpass und Dreieckspiel.

Im Spiel können auch die Positionen getauscht werden. Nach Bauchgefühl kann mit ihrem Talent gespielt werden. Zum Beispiel der Rechtsaußen, der so viel dribbelt, dass der rechte Halbstürmer dauernd Probleme bekommt. Lass' sie einfach einmal die Positionen tauschen, wodurch der Dribbler mal merkt, wie nervig es ist, hinter jemandem zu spielen, der nur mit sich selbst beschäftigt ist. So kann man im Prinzip alle Spieler andere Positionen ausprobieren lassen. Wenn es dann bei einem nicht mehr weitergeht, dann stelle ihn wieder auf seine angestammte Position in der Mannschaft, auf der er sein Selbstvertrauen wieder zurückgewinnen kann.

Im Training muss man bei der C-Jugend wenig an der Kondition arbeiten. Spielend und spielerisch halten sie ihren Körper in einem optimalen physischen Zustand. Im zweiten C-Jugendjahr ist dies weniger der Fall, sodass man das Training entsprechend anpassen sollte – ohne dass der Ball seine zentrale Bedeutung verliert.

Durch die Erhöhung des Schwierigkeitsgrade werden sowohl Kondition wie auch technische Fertigkeiten verbessert. Ausgesprochen wichtig ist es, selbst bei aufkommender Müdigkeit eine gute Ballbehandlung zu praktizieren. Zum Beispiel mit Spielchen wie Zuspiel per Kopfball, ein-, zwei-, dreimal den Ball per Kopf und Fußberühren sowie allen vorstellbaren Varianten kann man während des Trainings viel erreichen.

Die Zeit in der C-Jugend ist für jeden Fußballer von entscheidender Bedeutung, weil mit dem Übergang zu den B-Junioren die Ausbildung gewissermaßen abgeschlossen wird.

B-Jugend

In dieser Phase macht der Jugendliche eine schwere Zeit durch. Oftmals verursacht durch die Pubertät, aber mache nicht den Fehler, alle Spieler über einen Kamm zu scheren. Darin muss man sich als Eltern, Jugendleiter und Trainer einfühlen. Bei jungend Fußballern, die pubertieren, muss verhindert werden, dass nicht ein für alle Mal den Spaß am Fußball verlieren.

Bei den Trainingsabenden und beim Spiel muss man tatsächlich zwei Schritte zurück machen. Sie sind körperlich in einer bedeutungsvollen Wachstumsphase, in der Flexibilität und Koordination angegriffen werden.

Qua Verstand sind sie weiter, körperlich müssen sie gewissermaßen von vorn anfangen. Beachte das! Fang beim Training am besten wieder mit den Grundprinzipien an, wenn das nötig zu sein scheint. Greife die einfachsten technischen Übungen wieder auf und sorge dafür, dass sie in jeder Hinsicht die Ballkontrolle behalten. Ich habe mich schon öfter darüber gewundert, wie das Ergebnis jahrelanger Trainingsarbeit manchmal in einige Monaten zum größten Teil verschwunden war. Trage ganz besonders Sorge dafür, dass die Basistechnik erhalten bleibt, wodurch auch im Spiel der Gegensatz zu früheren Spielzeiten nicht allzu groß wird.

Im zweiten Jahr der B-Jugend ist das Schlimmste vorbei. Das Niveau kann in jeder Hinsicht, also sowohl physisch wie auch technisch, angehoben werden. Langsam aber sicher kann man der Jugend Taktik beibringen. Sie begreifen es meist gut, was gemeint ist, und können es auch physisch bewältigen. Der Begriff Leistung entwickelt sich und es entsteht das Bewusstsein, dass gerade sich mit eigenen Aktionen zurückzuhalten dem Mannschaftserfolg zugutekommen kann. Anders ausgedrückt: Einmal den abprallen zu lassen ist manchmal besser, als die eigene Trickkiste zu öffnen.

Auf einen kurzen Nenner gebracht, gibt es einen kleinen, aber wichtigen Unterschied zwischen C- und B-Jugend in Sachen Training und Spiel. In der C-Jugend steht der einzelne im Mittelpunkt, später nimmt allmählich das Kollektiv, die Mannschaft, diesen Platz ein. In der C-Jugend lässt du einen Spieler auf einer anderen Position in Aktion kommen, damit der Spieler selbst besser wird; in der B-Jugend stellst du eine Spieler auf eine andere Position, um die Mannschaft besser zu machen, zu verstärken. Es geht mir hier hauptsächlich um die großen Linien. Das Wichtigste ist, dass der Jugendleiter und Trainer ein gutes Gefühl dabei haben, wenn und wie etwas getan werden muss. Weil auch in diesem Prozess oft die Ausnahmen die Regel bestätigen.

7
Dribbeln und den Ball treiben

Wir kennen nun die Grundprinzipien der Ballannahme, der Ballkontrolle und des Zuspielens. Aber erst mit dem Dribbeln und dem schwierigeren Treiben des Balles kann der Jugendspieler seine technischen Fertigkeiten verbessern. Der Vorteil dieser Aspekte ist auch jetzt wieder, dass es Techniken betrifft, bei denen jeder Fortschritte machen kann. Nicht nur das sogenannte Talent, aber auch der vermeintlich weniger beschlagene Fußballspieler.

Wir fangen mit dem Dribbeln an. Unter Dribbeln verstehen wir das Laufen mit dem Ball, während wir den unter Kontrolle halten, um schließlich zu einer Finte zu kommen.

Stelle deswegen eine Reihe von Fahnenstangen hintereinander auf. Versuche dann, mit dem Ball im Slalom die Stangen zu umkurven. Wichtig ist es, bei jedem Schritt den Ball auch zu berühren, abwechseln mit Innen- und Außenrist des Fußes. Also nicht nur bloß den Ball nach vorn schießen und dann hinterher laufen, sondern ganz ernsthaft versuchen, bei jedem Schritt den Ball zu kontrollieren.

Sinn und Zweck ist es, den Ball allmählich noch mehr und noch besser zu kontrollieren. Das Schöne an dieser Übung ist, dass jeder hier Fortschritte machen kann.

Stell dir vor, dass beim ersten Versuch der Ball noch drei Meter weit

wegspringt. Übst du weiter, dann kommt sehr bald der Moment, dass der Ball nur einen Meter weit wegspringt. Das ist noch nicht gut genug, aber das ist eine Verbesserung und das gibt dir immer ein gutes Gefühl.
Fange deshalb mit den leichten Übungen an und erhöhe danach den Schwierigkeitsgrad. Dribble dann beispielsweise mit dem schwachen Fuß oder erhöhe die Geschwindigkeit, indem die Slalomstangen enger gestellt werden. Ein großes Maß von Perfektion wird erreicht, wenn man unter sehr schwierigen Bedingungen den Ball auch dann kontrolliert, ohne nicht stets auf ihn zu schauen.
Aber in allen Fällen muss der Ball mit der Innen- und Außenseite des Fußes kontrolliert werden. Darum sollen die Stangen anfangs auch hintereinander gestellt werden, um ein möglichst gradliniges Dribbeln zu erzwingen. Das ist nur umzusetzen, wenn man sowohl Innen- wie auch Außenseite des Fußes gebraucht. Wenn man als Rechtsfüßer nur die Innenseite benutzt, driftet man schnell nach links ab. Wenn man nur den Außenrist benutzt, gibt es schließlich ein Schwenk nach rechts. Wenn du den Ball immer mit der rechten Innenseite nach links spielst, stellt sich eine Art Charly-Chaplin-Lauf ein. Man büßt nicht nur Geschwindigkeit ein, sondern verliert auch die Kontrolle über den Körper.
Wenn du irgendwann das Dribbeln mit dem linken und rechten Fuß beherrschst, dann gibt es immer zwei Möglichkeiten, mit dem Ball am Fuß die Richtung zu verändern. Das ist ganz besonders wichtig beim Ausspielen des Gegners.
Besonders wichtig ist es, bei so einer Aktion im entscheidenden Moment den Körper zwischen Ball und Gegner zu bekommen. Fußballer, die nur „einbeinig“ spielen können, bekommen sehr schnell Probleme, wenn ein Gegenspieler sich zur „guten“ Seite aufstellt. Weil der Körper dann nicht zwischen Ball und Gegner gebracht werden kann, ist die Chance groß, dass der Ball verspielt wird.
Das Dribbeln ist also ein sehr wichtiges Hilfsmittel, das jedem Umspielen oder jeder Flanke vorausgeht.
Einen Schwierigkeitsgrad höher erreichen wir mit dem Treiben des Balles. Im Prinzip das Gleiche wie beim Dribbeln, nur eben in höherem Tempo ausgeführt. Bei der großen Geschwindigkeit sind größere Schritte notwendig, um den Ball zu kontrollieren. Die einfachste Möglichkeit, dies zu trainieren, ist die sogenannte Steigerung. Aus dem Stand heraus muss die

Schnelligkeit immer weiter erhöht werden, während der Ball doch weiter kontrolliert bleibt.
Darüber hinaus ist die Eins-gegen-Eins-Situation eine gute Trainingsform. Der Angreifer hat den Ball und läuft mit hoher Geschwindigkeit auf den Gegenspieler zu. Der Verteidiger schätzt seine Chancen ein (wann springt der Ball zu weit weg?), währenddessen macht der Angreifer dasselbe, ohne die Balllkontrolle zu verlieren. Diese Trainingsform kann auch von der Seitenauslinie durchgeführt werden, abwechselnd mit Rechts und Links und einer abschließenden Finte.
Ebenso wie beim Dribbeln gibt es unzählige Möglichkeiten des Balltreibens.
Spieler, die das sehr gut können, sind Lionel Messi und früher John van 't Schip und natürlich Diego Maradona.
Van 't Schip dribbelte, bevor er zu einem Täuschmanöver ansetzte. Dabei sah er nie auf den Ball, wodurch die Übersicht optimal blieb und die Möglichkeit sich auftat, sowohl innen wie außen am Gegenspieler vorbeizugehen. Van 't Schip spielte den Ball so, dass er immer aus zwei Varianten wählen konnte.
Maradona war wiederum ein Spezialfall, weil er eigentlich „einbeinig" ist. Aber er war so gut, dass er dieses eine Bein behände wie eine Hand gebrauchte. Man wusste als Verteidiger, dass er links spielte, man wusste, dass diese Aktion kam – und doch war sie kaum zu verteidigen. Das große Plus von Maradona war, dass er ein Minimum an Zeit nötig hatte, um das Bestmögliche herauszuholen. Selbst wenn er nur wenige Millimeter von seinem Verteidiger entfernt stand, konnte er ihn ausspielen.
Aber zwischen einem Kicker aus einer unteren Jugendmannschaft und Maradona liegen Welten. Darum ist es das Wichtigste, dass jeder beim Dribbeln und Balltreiben persönlich Fortschritte macht. Denn auf die Dauer klingt „nicht so gut" doch etwas netter als „sehr schlecht".

8
SCHIESSEN UND PASSEN

Genau wie bei allen anderen technischen Aspekten ist auch beim Schießen und Passen die Grundlagen-oder Basistechnik wichtig. Wenn man auf dem Platz gut aussehen will, dann muss man in erster Instanz den Ball spielen können. Wichtig ist der Mut, dies auch zu tun. Gibt es da etwaige Zweifel, ist es unmöglich den Ball hundertprozentig zu berühren. Oder wie es der Volksmund ausdrückt: Dein ganzes Herz und deine ganze Seele müssen in einem Schuss mitspielen. Je entspannter man dabei ist, desto besser die Technik. Dann stellt sich auch heraus, dass ein harter Schuss nicht immer nur eine Frage der Kraft ist.

Haltung und Balance des Körpers müssen stimmen. Dabei geht es vor allem um zwei Dinge: Zuerst muss das Standbein parallel zum Ball stehen. Weil man dann auf nur einem Bein steht, ist die Armhaltung sehr wichtig. jemand, der mit Rechts schießt, muss der linke Arm mit dem linken Bein agieren, muss neben dem linken Bein herunterhängen. Bei der Schussbewegung muss der Körper etwas nach vorn gebeugt sein – andernfalls fällt man um.

Ein Tipp, um den Unterschied zwischen einer guten und einer falschen Ausführung zu erkennen: Lass jemanden mit einer guten Schusstechnik zuerst mit seinem starken Fuß, danach mit seinem schwachen schießen. Das gerade Gesagte ist der Ausgangspunkt beim Schießen. Das kann vor

allem durch Training verbessert, also durch häufiges Üben. Vergiss nicht, sowohl mit dem linken wie auch mit dem rechten Fuß zu schießen.
Egal ob das nun vor einer kleinen Mauer passiert oder im Training mit mehreren Mitspielern.
Schusstechnik kann darüber hinaus in verteidigendem Schießen und angreifendem Schießen. Wenn ein Verteidiger den Ball über einen großen Abstand herausspielen will, dann muss er hart schießen. Aber anders hart als ein Angreifer, der aufs Tor schießt. Beim langen Pass oder Schuss aus der Verteidigung heraus, muss der Oberkörper etwas nach hinten verlagert werden, wodurch der Ball unterhalb des Mittelpunkts getroffen wird. Hierbei ist es sehr wichtig, dass das Bein weit ausholt.
Schießt du aufs Tor, dann muss der Oberkörper dagegen über dem Ball liegen. Weil er hierbei härter geschossen werden muss, muss der Ball mittig getroffen werden.
Weiterhin ist es wichtig, in dieser Situation das Körpergewicht zu benutzen. Auch dies hat mit einer guten Körperhaltung zu tun. Will man mit Rechts schießen, muss man sich mit Links nach vorn bringen, danach wird der Körper aggressiv etwas nach hinten gebeugt wird. Danach muss der Körper voll und ganz in den Schuss hinein gelegt werden. Das Bein schwingt kaum etwas durch; ein kurzer explosiver Schuss gegen den Ball, darum geht es.
Der Unterschied in der Schusstechnik von Verteidigern und Angreifern ist auch gut an der Kopfhaltung zu erkennen. Beim Verteidiger geht der Kopf etwas nach hinten, während der Angreifer beim Schuss den Kopf etwas nach vorn drückt.
Insbesondere Ronald Koeman beherrschte beide Techniken wie kein anderer. Er wusste, wie man seine Beinkraft am effizientesten benutzen kann. Woran man sehen kann, dass eine gute Technik größere Wirkung hat als Kraft allein.
Ich kann mich noch an ein herrliches Tor gegen FC Utrecht erinnern, als Koeman den Ball voll nahm. Er warf seinen ganzen Körper in den Schuss, während der Augenblick der Ballberührung minimal war, während das Nachschwingen nicht mehr als ein kurzer Tick war.
Eine gute Körperhaltung ist also ein must, um gut zu schießen. Falls nicht, dann kann auch der Berührungspunkt am Ball nicht optimal benutzt werden. Jemand, der beispielsweise zu nah am Ball steht, steht

zu aufrecht und kann seine Arme nicht einsetzen. Dadurch wird nur ein kleiner Teil des Spanns benutzt und die Trefffläche ist kleiner.
Wenn die Ausgangsposition gut ist, dann kommt ein Großteil des Fußes unter den Ball, die Trefffläche ist größer und der Schuss wirkungsvoller.
Aber noch mal, das sind die grundlegenden Prinzipien, die durch gutes und häufiges Trainieren entwickelt werden können. Wenn du das drauf hast, dann kannst du den langen Pass variieren.
Das Einfachste ist natürlich, den Ball über eine große Entfernung irgendwohin zu schießen. Wenn das gelingt, kann man den Schwierigkeitsgrad erhöhen. Der Abstand bleibt derselbe, aber die Flugbahn muss niedriger werden. Das kann man so lange perfektionieren, dass diese Übung über kurz oder lang zu einer „Linie“ führt, ein langer Pass, der gerade mal eben die Grasnarbe rasiert. Genauso hart, genau so weit, aber niedriger und strammer, also effizienter.
Es ist schwierig einzuschätzen, in welchem Lebensalter welche Übungen am sinnvollsten sind. Prinzipiell sind Schießen und Passen nicht abhängig vom Lebensalter. Besonders deswegen, weil in beide Übungen physische Kraft nach Technik und Körperbeherrschung kommt. Ich denke, dass es wenig ausmacht, ob jemand mit 10, 12 oder 15 Jahren eine bestimmte Übung trainiert.
Wichtig ist natürlich ein gutes Warming-up. Vor allem bei Jugendspielen stehe ich erstaunt da und sehe, wie der Ball aufs Tor geschossen wird. Es schreit förmlich nach Verletzungen, wenn man weite Schüsse abgibt oder Elfmeter schießt.
Wenn man schießen will, muss der Körper dafür vorbereitet sein. Baue es deshalb in Ruhe auf. Zuerst in kurzem Abstand sich den Ball zupassen und das langsam erweitern. Erst wenn man sich gut warmgespielt hat, kann mit voller Kraft aufs Tor geschossen werden. Dadurch vermeidet man unnötige Verletzungen.

9
Das Kopfballspiel

Ein Kapitel für sich. Kopfballspiel ist für mich nicht nur einfach, den Kopf gegen einen Ball bewegen. Dabei geht es um viel mehr. Außerdem kann jeder, ähnlich wie bei Dribbeln und Schießen, auf seinem persönlichen Niveau Fortschritte verbuchen. Auch hier ist es wichtig, Geduld aufzubringen.

Viele Kinder haben eine angeborene Angst vorm Kopfballspiel. Diese Hemmschwelle müssen sie erst überschreiten. Fange deshalb vorsichtig an, eine gründliche Aufbauphase ist deshalb die Basis für ein gutes Resultat am Ende.

Sei geduldig und trainiere mit einem guten Ball. Jungen im Alter von acht mit einem knallharten Ball das Kopfballspiel üben zu lassen bedeutet unweigerlich Probleme. Trainiere deshalb mit einem guten „lebendigen" Ball, der nicht so hart aufgepumpt ist. Bälle aus Plastik oder Leder sind dafür bestens geeignet, aber nicht die sogenannten Kunststoffbälle, die beim Kopfballspiel sehr unangenehm sind.

Bevor wir mit den ersten Übungen beginnen, ist es wichtig zu betonen, dass eine gute Kopfballtechnik von vier Faktoren abhängig ist:

1 Eine gute Körperhaltung. Kurz vor dem Kopfball muss der Körper etwas nach hinten gebeugt sein. Es handelt sich um dieselbe Haltung, die man einnimmt, wenn der Ball mit der Brust gestoppt werden muss.

2 Eine gute Balance. Die erreicht man, wenn man die Arme sinnvoll einsetzt, wodurch das Gleichgewicht erhalten bleibt.
3 Timing.
4 Das Berühren des Balles mit dem Kopf.

Um mit Punkt vier anzufangen: das Kopfballspiel ist für den Verteidiger und Angreifer unterschiedlich. Der Verteidiger köpft den Ball nach oben, der Angreifer nach unten.
Es ist klar, dass das Kopfballspiel für den Angreifer deutlich schwieriger ist. Aber zuerst die Basics: Zuerst muss man lernen, den Ball richtig zu berühren. Während der ersten Übung stehen sich zwei Spieler gegenüber, die sich den Ball ganz einfach per Kopf zuspielen. Der Ball muss mit der Stirn im unteren Bereich berührt werden; man kann es mit dem verteidigenden Kopfballspiel vergleichen. Wenn es schmerzt, merkt man, ob man den Ball gut getroffen hat. Ist der Ball mit der Stirn richtig getroffen, spürt man nämlich nichts.
Wenn diese Übung gut funktioniert, dann kann die Gruppe auf sechs Spieler erweitert werden. Zwei Reihen mit drei Spielern spielen sich den Ball per Kopf zu und verändern auch fortlaufend ihre Position. Man beschäftigt sich nicht nur mit dem Kopfballspiel, sondern bekommt auch gleich das erste Gefühl für gutes Timing.
Diese Übung kann erweitert werden, indem die Spieler einen Kreis bilden um einen Spieler in der Mitte, der immer wieder verschiedene Spieler per Kopf anspielt. Ziel ist dabei, den Ball immer mehr per Kopf zu kontrollieren.
Die beschriebene Übung kann mit einer Zwischenbewegung angepasst werden, wodurch man mit einer einzigen Aktion zwei verschiedene Körperhaltungen einnehmen muss. Zum Beispiel, wenn man den Ball nicht direkt, sondern mit dem Kopf stoppt und danach platziert per Kopf weiterspielt.
Alle Übungen werden im Stand ausgeführt. Noch mal mit aller Deutlichkeit: Es ist in dieser Phase besonders wichtig, gute Bälle zu benutzen. Also ein Ball, der „lebt" und nicht zu hart aufgepumpt ist. Erst im nächsten Schritt wird der Ball in der Luft per Kopf gespielt. Auch hier ist es wichtig, geduldig zu sein und nicht überhastet zu Werke zu gehen. Fange deshalb an, den Ball erst hochzuwerfen und dann im Sprung mit

dem Kopf zu spielen. Neben der Kopfballtechnik ist auch hier wieder der Aspekt Timing gefragt. Diese Übung wird dann immer mehr erweitert. Bis jetzt haben wir nur das verteidigende Kopfballspiel geübt. Das ändert sich, wenn der Spieler, der Ball zuwirft, gleichzeitig als Torwart fungiert. Dann wird man gezwungen wie ein Angreifer den Ball per Kopf zu spielen.

Der Ball muss jetzt nicht etwas unterhalb der Mitte berührt werden, sondern gerade eben etwas darüber. Wichtig ist es, den Ball auf höchster Sprunghöhe zu treffen. Der Kopf ist dann nicht unter dem Ball, sondern zumindest auf gleicher Höhe, am besten etwas darüber.

An anderer Stelle habe ich betont, immer alle Übungen mit beiden Füßen auszuführen; also sowohl mit dem linken wie mit dem rechten Fuß zu dribbeln, den Ball zu treiben, zu schießen oder zu passen. Auch wenn es sich verrückt anhört, das gilt auch fürs Kopfballspiel. Jemand, der hauptsächlich mit rechts schießt, köpft am liebsten über die linke Schulter. Aber ein Rechtsverteidiger muss auch eine Flanke von der rechten Seite über seine rechte Schulter wegköpfen können. Darum gilt auch fürs Kopfballspiel, alle Übungen sowohl über links wie auch über rechts auszuführen. Auf diese Weise wird auch verhindert, dass Angreifer in solchen Situationen einfache Chancen auslassen, weil sie nicht in der Lage sind, technisch sauber über ihre gute Seite per Kopf zu spielen. Das gilt im gleichen Maße auch für Verteidiger, die dann häufig den Ball per Kopf ins eigene Tor befördern.

Zurück zum Kopfballspiel des Angreifers, die wohl schwierigste Aufgabe, unterteilt in das technische Kopfballspiel und das sogenannte Rammen oder Stoßen. Für die erste Form ist sehr viel Technik erforderlich, weil der Ball dabei sehr genau platziert werden muss, zum Beispiel bei einer Ecke.

Demgegenüber steht der Kopfstoß mit nur einem einzigen Ziel: ein Tor zu machen! Auch dies ist eine besondere Qualität, die nur wenige Spieler richtig drauf haben. Marco van Basen und Hans Gillhaus waren beispielsweise Spieler mit sehr guter Kopfballtechnik. Zudem verfügte der ehemalige PSV-Eindhoven-Spieler Gillhaus über ein einzigartiges Gefühl für Timing. Trotz seiner geringen Körpergröße war er in der Lage, auf dem höchsten Punkt kurz in der Luft zu bleiben, wodurch der Ball noch genauer platziert werden konnte.

Klaas-Jan Huntelaar, Wim Kieft und John Boskamp gehören wiederum zu einer anderen Kategorie von Kopfballexperten, die den Ball im wahrsten Sinne des Wortes durchs Netz jagen konnten. Einmal erzielte Boskamp für Ajax das Siegtor gegen den FC Groningen. Er lief gewissermaßen beim Kopfball zum Ball an, wobei der Ball einem Torschuss glich. Wunderschön anzusehen, eine einmalige Spezialität.

In beiden Fällen beherrschen diese Fußballer vor allem die grundlegenden Prinzipien des Kopfballs. Die Haltung ist gut, der Körper befindet sich in ausgezeichneter Balance, das Timing fehlerlos – und dann wird der Ball auch noch perfekt per Kopf gespielt. Darüber hinaus sind sie allesamt in der Lage, in großer Bedrängnis aufs Tor zu köpfen.

Die Arme spielen dabei wieder eine zentrale Rolle; sie schirmen gewissermaßen die Position ab. Dabei geht es darum, wie man beim Absprung die Arme bewegt. Wenn dann jemand dich anläuft oder anspringt, bleibst du doch im Gleichgewicht, weil dies durch die Arme abgefangen wird. Dabei sprechen wir hier von einer technisch perfekten Ausführung, ein technisches Highlight, das man nicht so einfach von einem achtjährigen Knirps erwarten darf.

Das Kopfballspiel zu lernen ist in erster Linie eine Frage von bewusstem und geduldigem Üben. Bis zum zwölften Lebensjahr muss ein Fußballer die Technik des Kopfballspiels lernen. Man kann sich dazu viele Spielchen und Übungsformen ausdenken, um die Jungs dies trainieren zu lassen. Etwa im dreizehnten Lebensjahr kommt das Springen dazu, wonach eine längere Übergangsphase folgt. Dies deswegen, weil der Jugendspieler zwei Aspekte gleichzeitig lernen muss zu beherrschen: das Springen und die Wahl des richtigen Zeitpunkts für den Absprung, das Timing. Danach erst kann das Kopfballspiel nach Flanke trainiert werden. Das ist erst dann möglich, wenn der Spieler alle Bestandteile des Kopfballspiels drauf hat. Eher nicht, weil es einfach keinen Sinn hat, diese schwierige Technik zu trainieren, wenn die anderen Techniken noch nicht ausreichend beherrscht werden.

Ich wiederhole deshalb noch mal zum Schluss: das Kopfballspiel zu lernen bedeutet vor allem Geduld zu haben. Man sollte hier nicht zu schnell sein, weil zu viel von einem gründlichen Aufbau abhängt. Regelmäßig üben und alles wiederholen. Nur dann hat man gute Chancen, erfolgreich zu sein.

10
BALL STOPPEN

Das Ballstoppen ist eine der wichtigsten Grundlagen-Techniken des Fußballspiels. Wer den Ball nicht kontrollieren kann, kommt nicht dazu, vernünftig Fußball zu spielen. Das Schöne am Ballstoppen ist, dass es – mit Ausnahme der Hände – mit jedem Körperteil durchgeführt werden kann. Das ist ziemlich wichtig, weil der Ball auf alle erdenkliche Art und Weise auf dich zugeflogen kommen kann. Vor diesem Hintergrund werde ich das Ballstoppen in Phasen besprechen, angefangen mit dem Oberkörper.

DER KOPF

Um den Ball mit dem Kopf zu kontrollieren, muss man mit dem Ball „mitgehen". Also genau das Gegenteil vom Kopfballspiel, bei dem man sich entgegengesetzt der Flugbahn des Balles bewegt. Dafür muss man ein wenig in die Knie gehen, während der Oberkörper nach hinten federt. Der Ball wird mit der Stirnmitte berührt.

DIE BRUST

Der Ball kann mit der Brust auf zweierlei Art und Weise gestoppt werden. Zuerst ist das das normale Anhalten des Balles. Der Körper nimmt dabei die gleiche Haltung ein wie beim Kopfballspiel oder beim Einwurf.

Im Augenblick der Ballberührung muss der Bauch vorn sein, die Brust etwas nach hinten und die Beine etwas nach vorn. Der Körper federt mit dem Ball mit. Die zweite Variante muss angewendet werden, wenn es schnell gehen soll. Also nicht nur anhalten, den Ball kontrollieren und schauen, wohin der Ball gespielt werden muss, sondern anhalten und die Schnelligkeit im Spiel halten. Im Moment der Ballberührung ist der Kopf über dem Ball, während Hüfte und Bauchnach hinten sind. Wenn diese Haltung gut ist, wird der Ball mit der Brust nach unten gedrückt, dadurch ist er gleich kontrolliert am Fuß.

DER OBERSCHENKEL

Egal wo der Ball den Oberschenkel berührt – es kommt darauf an, dass der Oberschenkel vollkommen entspannt ist. Andernfalls springt der Ball weg. Der Oberschenkel kommt deshalb dem Ball nicht entgegen, sondern drückt gewissermaßen die Geschwindigkeit des Balls.

DIE FÜSSE

Hier ergeben sich die meisten Variationen. Wenn der Ball komplett ruhig liegen bleiben muss, geschieht dies mit der Schuhsohle. Das ist vor allem eine Frage des Timings.
Weniger statisch ist es, den Ball mit der Vorderseite des Fußes zu stoppen, eigentlich mit den vorderen Noppen. Der Körper ist dabei etwas nach vorn gebeugt und der Ball wird in Laufrichtung gestoppt, wodurch er in einem mitgenommen werden kann. So kann man Zeit gewinnen.
Das Stoppen mit der Innenseite kommt am häufigsten vor. Geschieht dies ohne Schnickschnack, dann muss das Knie seitwärts etwas gebeugt über dem Ball sein. Auch der Oberkörper ist leicht vornüber gebeugt über dem Ball. Dadurch kann der Ball nicht wegspringen. Wenn die Beine wieder gestreckt sind, kann der Ball mitgenommen werden.
Stoppen mit dem Außenrist ist dann erforderlich, wenn ein Gegenspieler hinter dir steht oder es schnell gehen muss. Um den Ball abzuschirmen ist es wichtig, dass der Körper zwischen Ball und Gegenspieler kommt. Im Moment, da der Ball zugespielt wird, ist der Oberkörper nach hinten geneigt, gegen den Gegenspieler. Um zu verhindern, dass der Ball

wegspringt, muss auch in dieser Situation der Fuß vollkommen entspannt sein. Wodurch du problemlos den Ball vom Fuß abspringen lassen kann.
Das sind die Faustregeln für die verschiedenen Disziplinen. Je besser du sie beherrschst, desto schneller und vor allem besser kannst du sie ausführen. So glauben viele Menschen, dass das Tor, das ich in den 60er-jahren gegen ADO Den Haag erzielt habe, noch immer das schönste ist. Wenn man sich die Bilder heute ansieht, wird diese Einschätzung vor allem durch die Schnelligkeit gestützt, mit der ich den Ball damals stoppte. Aus der Verteidigung kam ein langer Ball in meine Richtung. In diesem Augenblick wurde ich vom ADO-Verteidiger Kees Weimar (hinter mir) auf Höhe der Seitenauslinie gedeckt, während es in der Mitte viel Raum und Platz gab. Bei der Ballannahme spielte ich den Ball mit dem Innenrist direkt in diesen freien Raum. Dadurch gewann auf optimale Art mehr Zeit, weil ich in einer Bewegung vom Ballstoppen zum Balltreiben umschaltete und mit einem Male mich von meinem Gegenspieler gelöst hatte.
Andere Spieler, die oft viel Zeit durch ihre Art den Ball zu stoppen gewinnen sind Xavi und in meiner Zeit Arnold Mühren. Besonders das schwierige Ballstoppen mit dem vorderen Teil des Fußes beherrschte Mühren wie kein anderer. Er vollführte eine Bein-Bewegung wie beim Fahrradfahren, wodurch der Ball gleich spielbereit war. Mühren stoppte den Ball so, dass er gleich weitergespielt werden konnte. Also rechts stoppen und links spielen, was aber eine enorme Konzentration erforderte. Darüber hinaus dreht der Ball sich bei der Ballannahme gleich von seinem Gegenspieler weg. Weil Mühren beidfüßig war, konnte er sich in beide Richtungen bewegen, weshalb er selten den Ball verlor.
Hier wird wiederum deutlich, dass auch die Basistechnik Ballstoppen beidfüßig trainiert werden muss. Dadurch kann der Ball sowohl nach rechts wie auch nach links gespielt werden, eine Voraussetzung zum Beispiel für ein gutes Positionsspiel.

ZUWERFEN

Fange so einfach wie möglich an. Wirf den Ball so genau wie möglich zu, sodass der Schwierigkeitsgrad minimal ist. Das kann sowohl auf Kopf-,

Brust-, Oberschenkel- als auch Fußhöhe passieren.

EINWURF

Eine Zweifach-Übung entsteht, wenn sich zwei Spieler gegenseitig auf Brusthöhe den Ball zuwerfen. Der eine wirft den Ball als Einwurf und der andere stoppt den Ball mit der Brust. Faktisch werden zwei Techniken trainiert, weil der Körper beim Einwurf genau dieselbe Haltung einnimmt wie beim Stoppen mit der Brust.

SCHIESSEN

Die Praxis beweist, dass der Ball fürs Ballstoppen am besten hart zugespielt werden kann. Die meisten Plätze sind nicht überall eben, und wenn der Ball zu leicht zugespielt wird, fängt er an zu springen, wodurch das Ballstoppen erschwert wird. Ein hart zugespielter Ball springt kaum weg und ist deswegen einfacher zu kontrollieren.

TEMPOSPIEL

Stoppen und Schießen. Das geht am besten zu dritt, andernfalls wird der Ball zu schnell. Diese Übung muss sehr diszipliniert ablaufen. Also stoppe den Ball, ein Schritt nach rechts und schieße den Ball mit links, das gleiche auch in Gegenrichtung. Auch hier muss der Ball hart zugespielt werden. Wenn du das nicht machst, kommt kein Rhythmus in diese Übung.

POSITIONSSPIEL

Grundlage hier ist die zweimalige Berührung. Also erstens den Ball stoppen und dann direkt spielen und immer in Bewegung bleiben. Versuche den Ball so zu stoppen, dass er in einem Mal auch gespielt werden kann, so wie Arnold Mühren das so gut konnte. Das Positionsspiel kann am besten als Wettkampf 4 gegen 2, 4 gegen 3 und 5 gegen 3 gespielt durchgeführt werden. Das Positionsspiel ist die letzte Phase d es Ballstoppens. Darin kommen alle Formen dieser Technik vor. Aber neben der letzten Phase des Ballstoppens ist dies auch der Einstieg in das Kapitel Positionsspiel.

11
POSITIONSSPIEL

Bevor wir mit der Durchführung des Positionsspiels beginnen, müssen wir zuerst natürlich erklären, was es genau bedeutet. Ziel ist es, dem Spieler zwei oder drei Abspielmöglichkeiten zu bieten.
Gelingt das, ist das Fußballspiel eigentlich ziemlich einfach. Während des Trainings geht es also darum, den Raum so zu nutzen, dass man anspielbar ist. Also lernt man sich so zu bewegen, dass man in Ballbesitz kommt und so lange wie möglich bleibt.
Das Positionsspiel besteht aus unzähligen Varianten. Von ganz einfach bis ganz schwer, wodurch jeder, unabhängig von seinem Talent, es trainieren kann. Weil jeder Anfang schwer ist, sollte man mit dieser Aufgabe vorsichtig anfangen.

1 Bilde mit der Mannschaft auf einem großen Spielfeld ein Rechteck mit drei oder vier Jungen in der Mitte.
2 Versuche den Ball so weiter zu spielen, dass keiner der drei oder vier Jungen ihn abfangen kann. Der Ball darf höchstens zwei oder dreimal von ein- und demselben Spieler berührt werden.
3 Es geht darum, dass du lernst anspielbar zu sein. Das ist oftmals eine Frage, einen Schritt mehr oder weniger zu machen.

Der Trainer muss in dieser Anfangsphase sich sehr stark einmischen. Er wird immer deutlich machen müssen, wann eine Position falsch oder überhaupt nicht eingenommen wurde. Oder dass jemand für einen Mitspieler ein Problem schneller lösen kann, indem er nicht wegläuft, sondern mit zwei, drei Schritten freiläuft.

1 Um den Unterschied zwischen richtig und falsch anfangs klar und deutlich zu machen, sollen vier Ecken des Spielfeldes besetzt und zwei Spieler in der Mitte sein. Für die außerhalb des Feldes agierenden Spieler ist es fast unmöglich, den Ball rund zu spielen, ohne dass der Ball nach ein oder zwei Stationen abgefangen ist.
2 Hole die vier Spieler danach aus den jeweiligen Ecken und lasse sie an der Seitenlinie des Vierecks agieren. Dadurch wird das Weiterspielen des Balles viel einfacher. Man muss weniger laufen, während der Ball weniger lang unterwegs ist und das Risiko von Ballverlust dadurch geringer wird.

Wie ich bereits gesagt habe, kann es je nach technischen Fertigkeiten der Spieler schwerer oder leichter gemacht werden. Je kleiner das Spielrechteck und das Verhältnis der beiden Gruppen(zum Beispiel 3:2 und 4:3), desto größer der Schwierigkeitsgrad.
Ein ganz besonders effektives Training ist möglich bei einer Gruppe von 15 auf einem Spielfeld in der Größe von 8 x 8 Metern. In der Mitte sind drei Spieler, während an jeder Seite drei sind. Die Spieler in der Mitte üben das „Jagen", während die anderen zwölf den Ball so lange wie möglich in ihren Reihen halten müssen.
Zum Thema „Jagen": ein Spieler eröffnet den Angriff auf den Ball, wobei die beiden anderen die Position absichern und dadurch die Abspielmöglichkeiten für den Spieler mit Ball ganz besonders erschweren.
In beiden Fällen kommt es darauf an, dass jeder sich bewegt. Läuft einer der drei Jäger falsch, dann bemühen sich die beiden anderen umsonst. Macht ein Spieler an der Seitenlinie etwas falsch, dann ist Ballverlust nur eine Frage der Zeit.
Gutes Positionsspiel hat also sehr viel mit Bewegung zu tun. Sobald jemand angespielt wird, müssen Spieler wieder in Bewegung sein, um wiederum an den Ball zu kommen.
Eine ideale Situation wird geschaffen, wenn jeder Spieler den Ball nur

einmal berühren darf. Dann ist Fußball am effektivsten und die Ballgeschwindigkeit am höchsten.
Wie bei so vielen anderen Dingen gibt es Hilfsmittel, die das Positionsspiel etwas vereinfachen können. Jeder Spieler muss sich so positionieren, dass er aus jedem Blickwinkel einen Mitspieler sehen kann. Sollte er auch nur einen aus den Augen verlieren, muss er die Situation insofern korrigieren, indem er ein paar Schritte mehr läuft oder seinen Mitspieler darauf hinweist, sich selbst wieder gewissermaßen sichtbar zu machen.
Faktisch kann bereits in jungen Jahren mit dem Training des Positionsspiels begonnen werden. Je jünger, desto besser, aber sorge anfangs dafür, dass es einfach bleibt. Gib ihnen die Möglichkeit und Raum, mit zwei, drei oder vier Spielern in der Mitte durcheinander zu laufen. Schritt für Schritt sollen sie dann die wirkliche Situation kennenlernen. Aber natürlich nicht, indem man das Spiel unterbricht, das macht nur dann Sinn, wenn krasse Fehler gemacht werden. Zum Beispiel wenn jemand den Ball überhaupt nicht abspielen kann. Unterbrich das Spiel dann kurz und erkläre, wer durch einen Schritt mehr oder weniger das Problem hätte lösen können.
Beziehe bei dieser Übung auch den Torwart mit ein und lasse ihn mitspielen. An Torwarttypen wie Stanley Menzo und Edwin van der Sar (in Deutschland ist das Manuel Neuer) kann man sehen, wie wichtig es ist, wenn der Torwart ein Auge für die Spielsituation hat. Um es ganz deutlich zu sagen: Das Positionsspiel ist eigentlich die Basis fürs Torwartspiel.
Ein anderes Hilfsmittel ist das Handballspiel. Wenn man eine neue Variante des Trainings fürs Positionsspiel einführt, dann ist es mehr als sinnvoll, die Hände erst das ausführen zu lassen, was die Füße noch nicht können. Freilaufen, Schauen und Spielen, es ist eigentlich logisch, dass die meisten Spieler dies nicht direkt beherrschen. Lass die Spieler sich erst daran gewöhnen, indem sie den Ball in die Hand nehmen. Wenn die Übersicht vorhanden ist, dann kann wieder mehr fußballerisch geübt werden.
Wie wichtig das Positionsspiel ist, zeigen die internationalen Erfolge von Ajax, Feyenoord und der niederländischen Nationalmannschaft in den 1970er-Jahren. Die Basis bildete damals vor allem das gekonnte Positionsspiel.

Im Allgemeinen sind diese Spezialisten meist etwas ältere Spieler, weil es bei dieser Fähigkeit nicht nur auf Qualität, sondern auch auf Routine ankommt. Wie man zum Beispiel bei so jemanden wie Paul Scholes von Manchester United sehen konnte.
In meiner Zeit als Trainer bei Ajax beherrschten die dreißig Jahre alten Spieler wie Arnold Mühren und Ronald Spelbos dies am besten, wodurch wir besonders in wichtigen Spielen gegen starke Gegner meist ganz besonders gute Leistungen zeigten. Mühren und Spelbos sorgten immer dafür, dass sie anspielbar waren, wobei Mühren jeden Aspekt des Positionsspiels bis ins letzte Detail beherrschte.
Jedes Mal wenn Mühren in der Mitte eines Dreiecks fungierte, stand er nie mit seinem Rücken zu den Mitspielern. Wie ich bereits an anderer Stelle sagte: er behielt sie immer im Blick. Darüber hinaus spielte er sehr funktional und deshalb effektiv, was anhand von drei Punkten sichtbar wird:
1 Mühren sorgte immer dafür, dass der Ball genau die richtige Geschwindigkeit hatte.
2 Er spielte seinen Mitspieler aufs richtige Spielbein an.
3 Jeder Angreifer konnte davon ausgehen, dass er durch Mühren immer auf der Seite angespielt wurde, die nicht abgedeckt war.

Das ist das beste Beispiel dafür, wie ein einzelner seine Qualitäten in den Dienst des Mannschaftserfolges stellt. Technik, Übersicht und vor allem Talent sind Aspekte des Individuums, danach müssen elf Einzelakteure zusammen die Räume des Spielfeldes benutzen, um als Mannschaft gut zu funktionieren.

Darum benutze ich immer wieder den Begriff Bewegen und niemals Laufvermögen. Ich verabscheue das Wort, weil es in den vergangenen Jahren komplett aus dem Zusammenhang heraus benutzt wird. Es stand am Anfang eines Prozesses, bei dem der Fußballer mehr laufen muss anstatt Fußball zu spielen. Während es doch genau die Kunst ist, den Raum des Spielfeldes zu nutzen, sodass der Ball, nicht die Beine die Arbeit zu verrichten hat.
Damit kommt auch der Aspekt Übersicht zur Sprache. Wie positioniert sich jeder, sodass die Mannschaft zusammen bleibt. Ich ärgere mich jedes

Mal, wenn ich sehe, dass die Linien im Spiel einer Mannschaft so weit auseinander spielen, wodurch ein Teil gezwungen ist, riesige Distanzen zurückzulegen. Dabei erfordert es Spielkunst, die Mannschaft möglichst zusammenzuhalten. Erst dann ergibt sich die Situation, dass nicht die Beine, sondern der Ball die Arbeit verrichtet. Dabei kommt es automatisch auf die Technik an, die in diesen Situationen nötig ist.
Darum ist es auch die einfachste Sache der Welt. Man braucht Übersicht, um die Linien dicht zusammen zu halten, Technik ist nötig, damit der Ball zweckmäßig und zielführend (zum Beispiel durch einmalige Berührung) läuft und schließlich muss die Aufgabe auf der Grundlage des Talents erledigt werden.
Wir haben bis hier immer nur über Fertigkeiten gesprochen, mit denen Fußballer besser spielen lernen. Mit diesem Kapitel hoffe ich, dass du als Fußballer auch besser lernst zu denken. Alles mit dem Ziel auf die Dauer ein besserer Fußballer zu werden.
So erinnere ich mich zum Beispiel an zwei Tore von Wim Rijsbergen und Barry Hulshoff, die unmittelbar aus perfektem Teamwork resultierten. In der Nationalmannschaft beschlossen wir, den Ball bei Freistoß zur Seite zu spielen, wodurch die Mauer in Bewegung geriet. Danach wurde der Ball abermals zur Seite gespielt, also verlängert. Wim Rijsbergen, der bei diesen Aktionen als Verteidiger nie einbezogen wurde, lief in diesen freien Raum und konnte unbedrängt das Tor erzielen.

Auch bei Ajax haben wir mal in einem Europacupspiel gegen Celtic die Schotten auf alles Mögliche achten lassen, wodurch unser Vorstopper Barry Hulshoff ungehindert den Ball entlang der Mauer drehen konnte. Der Torwart, der sich auf einen Schuss von Piet Keizer, Johan Neeskens oder Arnold Mühren eingestellt hatte, erholte sich gerade von dieser Überraschung, als der Ball auch schon in seinem Tor lag.
Zum Schluss möchte ich noch einige Anmerkungen zum indirekten Freistoß im Strafraum machen. Es fällt mir auf, dass in den meisten Fällen der Ball nach vorn anstatt zurückgespielt wird. Das ist ein Riesenfehler. Je näher der Ball beim Gegner liegt, desto weniger Raum bleibt für einen Schuss.
Also nicht nach vorn, sondern zurückspielen. Der Ball muss von der Spielertraube weg, um mehr Raum zu kreieren. Denn wie ich bereits

anfangs angemerkt habe, ist die Ausführung eines Freistoßes vor allem Chancenberechnung. Kümmere dich deshalb darum, die Möglichkeiten zu vergrößern.

12
DER FREISTOSS DER ANGREIFENDEN MANNSCHAFT

Technik, Taktik und ein gutes Gefühl für die Berechnung der Chance. Das ist kurzgefasst, worum es geht, wenn ein Freistoß ausgeführt werden muss. Es ist eigentlich ein großes Hin und Her mit dem Gegner, bei dem man in erster Instanz nach der Lücke, dem kleinen Fehler, sucht. Egal wie sich der Gegner aufstellt, es ergibt sich immer irgendwo eine Schwachstelle. Es geht also darum, das zu erkennen und den Ball an die richtige Stelle zu platzieren.
Man kann sich natürlich unzählige Varianten beim Freistoß ausdenken, aber trotz alledem kann man immer von drei Grundregeln ausgehen:
1 Sieh zu, dass genügend Mitspieler da sind, die den Gegner ablenken.
2 Es müssen ein Linksfuß und ein Rechtsfuß am Freistoßpunkt stehen.
3 Es muss immer jemand so stehen, dass der Ball auch in die Breite gespielt werden kann.
Ein anderer wichtiger Fakt ist, dass in kurzer Zeit schnell und wirksam entschieden werden muss. Man muss seinen Plan umsetzen und gleichzeitig seinen Plan verschleiern. Dann muss man die Chancen ausloten, dies vor allem auf Basis von Beobachtung und gutem Teamwork.
So bekommt es ein Torhüter immer mit einer Art totem Winkel zu tun.

Nach dem Aufstellen der Mauer muss der Torhüter eine Breite von sieben Metern verteidigen, während einem Menschen mit normaler Körpergröße dies nur bei maximal sechs Metern möglich ist. Man muss also sehr genau hinsehen, wie ein Torhüter sich positioniert, wenn die Mauer steht. Deshalb sind die oben genannten Regeln so wichtig, weil man in der Lage sein muss, im letzten Moment von einer Positionsänderung des Torwarts zu profitieren.
Als Beispiel wähle ich einen direkten Freistoß, den es für die angreifende Mannschaft rechts vor dem Tor gibt. Nachdem sich die Mauer gebildet hat, stellt sich der Torwart meist links vom Ball in die am weitesten entfernte Ecke. In neun von zehn Fällen wird der Ball von einem Linksfüßer in die kurze Ecke geschossen. Ein Rechtsfüßer könnte das auch, weil er aber seinen Anlauf links vom Ball beginnt, kann der Torwart ihn besser beobachten. Das erleichtert es dem Torhüter.
Eine andere Möglichkeit besteht darin so lange zu warten, bis der Torhüter sich bewegt, sodass der Ball hart neben sein Standbein geschossen werden kann. Das ist beispielsweise gut denkbar, wenn der Ball in die lange Ecke geschossen wird. Das Tor ist weiter entfernt, der Ball länger unterwegs, andererseits aber auch später vom Torwart zu sehen. Wenn der Ball nun in dem Augenblick scharf genug geschossen wird, in dem der Keeper auf falschem Fuß steht, dann wird die Aussicht auf einen Torerfolg größer.
Ich habe schon davon gesprochen, dass die Ausführung von sowohl einem direkten wie auch indirektem Freistoß eine Frage der Chancenberechnung ist. Deswegen sind Ablenkungsmanöver auch so wichtig. Je mehr die Verteidigung beschäftigt ist, desto mehr kann die Absicht versteckt bleiben. Danach können ein nasser, schwerer oder trockener Ball, Wind oder Gegenwind, acht oder neun Meter Abstand allesamt eine große Rolle in diesem spannenden Poker spielen.
Der Freistoß ist ein Teil des Fußballs, der in den vergangenen Jahren immer wichtiger geworden ist, vor allem als das defensive Spiel immer mehr im Vordergrund zu stehen begann. Dieser Prozess hat nicht nur das Spezialistentum gefördert, sondern auch die Egotripperei. Besonders in Italien sieht man immer öfter Spieler, die den Freistoß benutzen, um als Held des Tages gefeiert zu werden.
Die Zunahme von Spezialisten signalisiert auch, dass man Freistöße auch

gut trainieren kann. Oftmals ist es auch eine Frage des Talents. Jemand, der ein gutes Gefühl dafür hat, wird automatisch so trainieren, dass er dieses Gefühl verbessert und weiterentwickelt. Unter diesem Gefühl verstehe ich eine Schusstechnik in Relation zur Torentfernung. Man muss also wissen, wie und wie hart man schießen muss.
Übrigens habe ich mich während des Trainings nie um die Durchführung von Freistößen gekümmert. Auf dem Platz müssen die Spieler gemeinsam eine Lösung finden, also sollte man sie beim Training auch damit allein lassen. Man zielt bildlich und buchstäblich am Ziel vorbei, wenn man in diesen gefühlsmäßigen Dingen wie dem Freistoß Dinge vorschreibt. Ich habe diese Entscheidungen immer den Spielern selbst überlassen.

Die Ausführung des Freistoßes ist in drei Varianten möglich. Zuerst ist da der technische Freistoß, den Spielertypen wie Michel Platini, Diego Maradona oder Piet Keizer umsetzen. Spieler mit einer brillanten Schusstechnik, wo es nicht darauf ankam, in welche Ecke der Ball geschossen werden musste.
Dann ist das harte, scharfe Freistoß, eine Art dumpfer Schlag, den Fußballer wie Ronald Koeman oder Pierre van Hooijdonk austeilten. Gut platziert und fürchterlich hart geschossen. Van Hoiijdonk war zudem noch in der Lage, den Ball mit Effet zu treffen, doch ist sein Freistoß mehr ein „Koeman" als ein „Keizer".
Die dritte Variante ist der kollektive Freistoß, bei dem die gesamte Mannschaft mitwirkt. Oft sehr schön anzusehen, weil eben alles passieren kann. Die Möglichkeiten sind zudem zahllos.
Mitspieler in der Mauer, Spieler vor dem Ball und eine Menge von hineinlaufenden Spielern; man kann eine komplette Trickkiste aufmachen.

So erinnere ich mich an zwei Freistoßtore von Wim Rijsbergen und Barry Hulshoff, die unmittelbar aus perfektem Teamwork resultierten. In der Nationalmannschaft hatten wir vor, den Ball zur Seite zuspielen, falls die Mauer sich bewegte. Danach wurde der Ball erneut zur Seite weitergespielt, gewissermaßen verlängert. Wim Rijsbergen, der bei solchen Aktionen nie zum Zuge kam, lief in den freien Raum und verwandelte den Ball.
Auch bei Ajax haben wir mal in einem Europacupspiel gegen Celtic die

Schotten auf jeden und alle achten lassen, sodass unser Vorstopper Barry Hulshoff unbehindert den Ball entlang der Mauer drehen konnte. Der Torwart, der sich auf einen Schuss von Piet Keizer, Johan Neeskens oder Gerrie Mühren einstellte, staunte nicht schlecht, als der Ball dick und fett in seinem Tor lag.

Zum Schlussmöchte ich noch eine Anmerkung zum indirekten Freistoß im Strafraum machen. Es fällt mir auf, dass der Ball in den meisten Fällen nach vorn gespielt wird anstatt zurück. Das ist ein kapitaler Fehler. Je näher der Ball zum Gegner kommt, desto weniger Raum gibt es für einen Torschuss.

Also nicht nach vorn, sondern zurückspielen. Der Ball muss von der Spielertraube weg, damit mehr Platz entsteht.

Denn wie ich es bereits anfangs formulierte, ist die Ausführung eines Freistoßes vor allem Chancenkalkulation. Kümmere dich darum, dass die Chancen größer werden.

13
DER FREISTOSS – VERTEIDIGENDE MANNSCHAFT

Es geht bei einem Freistoß primär also um Technik, Taktik und ein gutes Gefühl bei der Chancenberechnung. Das goldene Dreieck einer Mannschaft, die den Freistoß ausführen darf. Bleibt für die verteidigende Mannschaft noch die Aufgabe, die Chance auf einen Torerfolg zu verkleinern.

Mit einer guten Verständigung, ausreichender Übersicht und besonderer innerer Ruhe ist man schon ein gutes Stück auf dem richtigen Weg dorthin. Ich will damit zum Ausdruck bringen, dass dort, wo der Gegner alles unternimmt, Verwirrung zu stiften, Ruhe und Sachlichkeit hilft dabei. Gerate darum nicht in Panik und behalte die Situation ruhig im Auge. Der Torwart geht in dieser Frage mit gutem Beispiel voran, weil er die Führung übernehmen muss und in der Regel auch den Plan bestimmt, wie der Freistoß verteidigt werden soll. Die Wahl der richtigen Position im Tor wie auch die Aufstellung der Mauer gehören allesamt zu seinen Aufgaben. Er ist der Chef, der immer die Übersicht bewahrt.

Dazu kommt, dass sich die innere Ruhe vor allem dadurch zeigt, dass er sich wenig bewegt. Wer sich zu früh bewegt, kommt oft zu spät. Ein Freistoß-Spezialist wird immer den Augenblick abpassen, in dem ein sich

bewegender Keeper auf seinem falschen Fuß steht, um genau dann seine Finte anzupassen. Gib ihm als Torwart deswegen diese Chance nicht.
Ein in sich ruhender Torwart behält deshalb die Übersicht und kann darum sowohl den Ball in der kurzen Ecke wie auch in der langen Ecke besser antizipieren. Wenn er in der kurzen Ecke hinter der Mauer steht, hat er im Prinzip genug Zeit, um auf einen Ball zu reagieren, der in diese Richtung geschossen wird.

Sucht sich der Freistoßschütze die lange Ecke aus, dann ist der Ball nicht nur länger unterwegs, sondern dann hat der Torhüter auch länger Zeit darauf entsprechend zu reagieren. Wenn er sich durch die Situation nicht verrückt machen lässt, dann führt das Behalten der Übersicht dazu, dass der Risikofaktor kleiner wird. Übrigens lehrt ein einfaches Rechenbeispiel, dass egal wie der Torhüter sich stellt, ihm immer ein bis zwei Meter fehlen werden. Der Mensch ist eben nur in der Lage, knapp sechs Meter abzuschirmen. Um dieses Problem so gering wie möglich zu halten, muss die Mauer die fehlenden Meter abdecken. Die Organisation davon ist Sache des Keepers. Landet der Ball in der Mauer, hat der seinen Job gut gemacht. Aber was nie passieren darf und doch immer wieder geschieht ist, dass sich die Mauer bewegt. Neun von zehn Bällen landen im Tor, weil Spieler in der Mauer sich umdrehen, vorlaufen, um sich in die Schussbahn zu werfen und dann nicht mehr den Ball im Auge behalten. Fehler mit katastrophalen Folgen. Während man sich hierbei doch ganz einfach nur an die Regeln halten muss.

Aber selbst dann, wenn man alle beachtet, dann kann trotzdem bei einer perfekt gestellten Mauer der Ball daran vorbei im Tordreieck landen.
In diesem Fall muss niemand etwas einem anderen vorwerfen und kann jeder nur heftig applaudieren. Der perfekte Freistoß ist nicht zu verteidigen.

Und doch gibt es auch für die verteidigende Mannschaft verschiedene Möglichkeiten, die Rollen umzudrehen und die den Freistoß ausführende Mannschaft verwirren. Dabei muss man die Standardvorgaben verlassen. Ein schönes Beispiel dafür ist die Positionierung der Mauer vor derselben Ecke, die auch der Torwart abdeckt. In dieser Mauer stehen vier bis fünf Spieler. Zwei Meter neben der Mauer wird ein weiterer Spieler platziert. Wird der Ball außen an diesem Spieler vorbeigeschossen, landet der Ball neben dem Tor. Kommt der Ball mit viel Effet, trifft er diesen Spieler.

Wenn der Ball weder Mauer noch Spieler trifft, sondern genau durch die Lücke geschossen wird, dann sollte der Torwart den Ball ohne große Muhe abfangen können.
Ich bin übrigens kein Anhänger von einer Mauer. Wäre ich Keeper, würde ich zwei Spieler vor die linke und zwei Spieler vor die rechte Ecke platzieren und übernähme selbst die Mitte von etwas sechs Metern. Auf diese Weise kann ich immer den Ball sehen, was bei einer Mauer nicht immer der Fall ist. Darüber hinaus wird es ein echtes Duell zwischen Torwart und Angreifer. Bei einer Mauer habe ich immer das Gefühl, dass der Freistoß-Spezialist im Vorteil ist. Deshalb würde ich als Torwart Augenkontakt suchen und sehen, wer am Ende am coolsten bleibt. Doch würde ich diese oder andere Varianten niemals einem Torwart vorschreiben. Niemand anders als der Torwart muss die Aufstellung der Mauer wählen, bei der er sich am sichersten fühlt. Deshalb gibt es auch keine Standardregel für die Abwehr eines Freistoßes. Egal ob man die Mauer auf eine Seite stellt, sich als Torwart auf die andere, oder man sich bei einem indirekten Freistoß direkt vor die Mauer stellt: für jede Variante lassen sich Argumente aufführen. Wenn dies aber auf die Dauer zu allzu vielen Gegentoren führt, hat der Torhüter eben Pech gehabt und dann muss auch der Coach eingegriffen. Die Jugend muss man in dieser Hinsicht einfach machen lassen. Man kann zwar ein paar Tipps zur Chancenkalkulation geben, weil dies im Grunde genommen der wesentliche Punkt bei der Freistoßausführung ist. Lass sie selbst über die vielen Möglichkeiten nachdenken. Zum Beispiel dadurch, indem du die größeren Spieler an die Außenseite der Mauer stellst, weil man durch die offene Ecke abschirmt. So wird in jedem Fall der Vorteil, den die den Freistoß ausführende Mannschaft hat, etwas ausgeglichen.
Kurz und bündig, behalte einen klaren Blick auf alles.

DREI AUFGABEN DES TORWARTS

1 Die Mauer die korrekte Position einnehmen lassen.
2 Sich selbst so stellen, dass es mit dem ausführenden Spieler Augenkontakt gibt.
3 Behalte Übersicht und innere Ruhe. Bewege dich darum so wenig wie möglich.

14
DIE ECKE

Ich habe beim Freistoß schon angemerkt, dass Standardsituationen für viele Trainer ein immer wichtigeres Mittel im Hinblick auf den Erfolg geworden sind. Mit dem Ergebnis, dass es eine Unmenge von einstudierten Varianten gibt, die immer mehr Erfolg zeitigen. Das gilt auch für den Eckball, bei dem die verteidigende Mannschaft im Prinzip benachteiligt ist.

Aber zuerst die Optionen für die angreifende Mannschaft. Auch hier kommt der Faktor Chancenberechnung zum Tragen: Gibt es kopfballstarke Abwehrspieler? – Ist der Torhüter groß oder klein? – Wie viele Verteidiger stellt der Torwart um sich? Allesamt Dinge, die es zu berücksichtigen gilt. Denn irgendwo muss doch das Loch in der Abwehrkette zu finden sein.

Bedeutsam ist es, zahlenmäßige Überlegenheit herzustellen. Mit dem Ziel, eine augenscheinlich gute organisierte Abwehr – gegen die eine Eins-zu-Eins-Situation kaum Vorteile bringt – zu verunsichern.

Ein altbekannter Trick ist es vorzutäuschen, dass es eine kurze Ecke gibt; eine Ecke mit zwei Spielern. Die verteidigende Mannschaft muss einen Spieler zusätzlich aus der Abwehrkette lösen, um den zweiten Spieler abzudecken. Wenn man davon ausgeht, dass ein Verteidiger irgendwo zwischen Eckfahne und dem ersten Pfosten steht, ein Verteidiger den

ersten Pfosten deckt und ein Verteidiger den Fünf-Meter-Raum abschirmt, bleibt der Schluss, dass die Verteidigung für zwei Angreifer (der Spieler, der den Eckball ausführt und sein Assistent) im Grunde genommen, vier Spieler abstellt. Es ist deutlich, dass hier irgendwo eine Lücke entstanden sein muss.
Danach hat man es mit einer trickreichen Ecke zu tun – oder der Eckball kann mit vorhandener Kopfballstärke optimal genutzt werden. Gibt es keine großen Spieler in deiner Mannschaft, dann sollte man besser außerhalb des überfüllten Torraumes bleiben; eine Bogenecke auf den ersten Pfosten ist dann eine vernünftige Alternative. Ein per Kopf weitergeleiteter Ball bietet dann hereinlaufenden Spielern mehr Chancen.
Gelingt das nicht, bedeutet dies noch nicht das Ende der Aktion.
Wegen der geringen Geschwindigkeit des hereingedrehten Eckballs kann die verteidigende Mannschaft den Ball unmöglich allzu weit vom Tor wegbekommen.

Dann haben wir die Situation, bei der die aufgerückte zweite Linie in Aktion kommen muss. Mit anderen Worten, der Ball wird verteidigt und landet zwanzig Meter vor dem Tor, wo die angreifende Mannschaft vorbereitet ist, um die Chancen abermals zu nutzen.
Verfügt die angreifende Mannschaft über kopfballstarke Akteure, dann muss der Ball so hart wie möglich vors Tor kommen. Die Angreifer müssen sich dann darum bemühen, den Kopf gegen den Ball zu bekommen.
Steht dort ein physisch starker und in der Luft beweglicher Keeper im Tor, dann muss der Ball nicht hart geschossen, sondern auch vom Tor weggedreht werden.
Hat der Gegner einen in dieser Hinsicht mäßigen Torwart, dann kann man den Gegner noch mehr verunsichern. Zum Beispiel, indem zwei große Spieler am ersten Pfosten alles per Kopf weiterleiten.
Auch macht es Sinn, einen langen Ball in den hinteren Teil des Strafraums zu flanken, wo jemand bereit steht, den Ball in Richtung ersten Pfosten zurückzuköpfen. Dort müssen sich dann ein oder zwei Spieler anbieten.
Die können dann entweder aufs Tor köpfen oder den Ball auf Höhe des Elfmeterpunkts zurücklegen, wo wiederum zwei Spieler bereit stehen.
Kurzum man kann sich eine ganze Menge schöner Dinge ausdenken, um eine Ecke erfolgversprechend zu gestalten.

Genau wie in allen anderen Situationen hat die angreifende Mannschaft nicht nur Rechte, sondern auch Pflichten. Bei einer Ecke von der rechten Seite ist beispielsweise die Position des rechten Mittelfeldspielers entscheidend. Er ist in neun von zehn Fällen der Mann, der den Konter verhindern muss. Bei einer Ecke von rechts wird der Ball häufig in Richtung rechts innen abgewehrt. Diese Position muss von der angreifenden Mannschaft, in defensiver Hinsicht, abgesichert werden, um den geschaffenen Vorteil nicht zu einem großen Nachteil werden zu lassen.
Auch zu den Maßnahmen, die von der Abwehr ergriffen werden müssen, lassen sich zahllose Varianten denken. Hier habe ich vor allem die Art und Weise vor Augen, wie wir damit in meiner Zeit als Trainer vom FC Barcelona umgegangen sind. Nicht nur deshalb, weil ich dem den Vorzug gebe, sondern es in den meisten Fällen für die meisten den meisten Sinn ergibt.
So halte ich wenig davon, sich einzugraben und einzuigeln. Das ist auch bei einer Ecke nicht anders. Ich möchte auf keinen Fall, dass man sich mit elf Spielern in den Strafraum zurückzieht, so wie das bei vielen Top-Klubs noch immer passiert. Der Nachteil besteht darin, dass jeder abgewehrte Ball so beim Gegner landet. Zudem hat der Torwart dabei kaum Bewegungsspielraum. Raum, den ich genau haben will, weil ich nun mal eine gute Übersicht behalten will.
Darum werden im Gegenzug auch Stürmer eingesetzt. Einfach die Sache drehen, um dadurch den Gegner zu verwirren. Lieber provozieren als selbst eingeschüchtert zu werden.
So hatte Barcelona keine herausragenden Kopfballspieler, also musste ich den Strafraum frei haben und frei halten. Die einfachste Lösung bestand nun darin, so wenig wie möglich Eckbälle zuzulassen. Darum spielte die Mannschaft immer weit vor dem eigenen Tor. So kam es nur zu zwei, anstatt zu zehn Eckbällen. Anstelle von zehn Problemen gab es nur zwei Probleme, für die wir nach Lösungen suchen mussten. Bei diesen beiden Eckbällen bekam ich es mit dem „kleinen Barcelona“ gegen kopfballstarke Verteidiger zu tun. Deshalb ließen wir in dieser Situation Spieler wie Romário, Stoichkov und Laudrup vorn. Danach ging es darum, wer die stärksten Nerven besaß. In der Praxis zeigte sich, dass der Gegner meist nicht das Risiko einging, in einer Eins-zu-Eins-Situation mit drei von solchen Stürmern konfrontiert zu werden.

Hielt der Gegner doch drei Abwehrspieler hinten, dann bekam unser Torwart immer den Auftrag, sobald er den Ball hatte, unseren schnellsten Spieler vorn anzuspielen. Wenn man den Gegner einmal so erschrecken konnte, dann war man auch dieses Problem los.

Meistens standen hinten dann vier Abwehrspieler, wodurch nur vier Leute in unserem Strafraum einsetzbar waren, weil ein Mittelfeldspieler den Raum abdecken musste, in dem man einen Konter erwarten konnte, und ein Spieler die Ecke ausführte.

Es wird deutlich, dass vier Angreifer bei einer Ecke grundsätzlich gut zu verteidigen waren. Vor allem deswegen, weil die Abwehr, insbesondere der Torwart, genügend Raum hatte und deshalb auch eine gute Übersicht. Außerdem konnte ich auf diese Art meinen einzigen großen Spieler, Torwart Zubizaretta, perfekt in der Luft gegen die kopfballstarken Angreifer zur Geltung kommen lassen. Das war die Antwort von Barcelona auf eines der vielen Probleme, mit denen wir es in jedem Spiel zu tun hatten.

Alternative eins ist es also, die Anzahl der Kopfballsorgen möglichst niedrig zu halten. Alternative zwei ist, falls es darauf ankommt, das Problem so gründlich wie möglich zu lösen. Eine Lösung, an der man mit der gesamten Mannschaft arbeiten muss.

Für den Rest ist die Organisation in erster Linie die Aufgabe des Torhüters, bei der man als Trainer außen vor steht. Genau wie beim Freistoß muss der Torwart die Verteidigung so aufstellen, sodass er sich dabei am besten fühlt. Ein Spieler am ersten Pfosten und ein Spieler am zweiten Pfosten, der eine macht es gut, der andere nicht. Die Verantwortung dafür liegt so weit wie möglich beim Torwart.

Für das Übrige gilt: Beim Eckball heißt es einfach aufpassen und aufmerksam bleiben.

DREI ARTEN VON ECKBÄLLEN

1 Die kurze Ecke. Täusche eine Ecke zu zweit an, das fordert für die Abwehr einen zweiten Mann.

2 Die trickreiche Ecke. Einen Bogen auf den ersten Pfosten wird per Kopf auf den hineinlaufenden Spieler weitergeleitet. Gelingt dies nicht, können die Verteidiger den Ball in der Regel nicht weit genug hinausschlagen.

3 Der harte Eckstoß. Flanke den Ball so scharf wie möglich vors Tor. Die Angreifer müssen nur noch versuchen, den Ball mit dem Kopf zu treffen. Gibt es zwei große Angreifer am ersten Pfosten, wird die Verwirrung in der Abwehr noch größer.

15
DER STRAFSTOSS

Wer hat den längsten Atem? Darum geht es im Prinzip beim Strafstoß. Es handelt sich hierbei um eine Art von psychologischer Kriegsführung zwischen Schützen und Torwart, die mit Technik wenig zu tun hat. Das einzige technische Element besteht darin, dass du in der Lage bist, den Ball kraftvoll genug mit der Innenseite des Fußes zu schießen.
Warum? Weil der Schütze mit der Innenseite des Fußes sogar im allerletzten Moment noch in der Lage ist, die Ecke zu verändern, in der er schießen will.
Das ist ein wirklich wichtiger Aspekt in diesem Spiel, wer den längsten Atem hat. Dabei hat der Torwart das Gefühl, dass er in einem unermesslich großen Tor steht, während der Schütze nur ein unendliches kleines Tor mit seinen Augen sieht.
Kurz gesagt, wer einen Elfmeter schießt, muss stoisch sein und selbstbewusst und selbstversichert dies angehen. Es muss jemand sein, der beim Stand von 0:0, in einem vollen Stadion, in einem ganz besonders wichtigem Spiel, seine Stärke erfolgreich beweisen kann. Typen wie Ronald Koeman, Henk Groot oder Gerrie Mühren. Auf keinen Fall jemand, der beim Stand von 4:0 sein Tor kurz erzielen und mitnehmen will. Das zuletzt Genannte habe ich gehasst. Ich habe auch immer eingegriffen, wenn ich das Gefühl hatte, dass jemand einen Elfmeter schießen will, um

sich selbst in den Vordergrund zu spielen.
Meine Regel lautet: Wer einen Elfer bei Stand von 0:0 schießt, bestimmt, was passiert. Dann kann es passieren, dass genau der nicht richtig im Spiel ist und sich entschließt, nicht zu schießen. Was übrigens kein Zeichen von Schwäche ist, sondern mehr ein Zeichen von einer optimalen professionellen Einstellung. Nur in dieser Situation benennt der Spielführer den Elfmeter-Schützen.
Es gibt eine Standardformel für die Ausführung von Strafstößen. Sorge immer dafür, dass du gerade hinter dem Ball stehst, sodass man in zwei unterschiedliche Ecken schießen kann. Beim Schuss muss der Ball hart und schnell genug sein.
Will man als Rechtsfüßer den Ball in die linke Ecke schießen, dann muss man den Ball mit der Vorderseite des Fußes treffen. Soll der Ball rechts rein, dann musst du den Ball mit der hinteren Innenseite treffen.
Auch der Spannschuss ist eine Möglichkeit. Nachteil ist nur, dass der Torwart besser einschätzen kann, wohin der Ball fliegen soll. Es sei denn, der Ball wird à la Johan Neeskens, förmlich aufs Tor geballert.
Doch weiß ich aus Erfahrung, dass die echten Spezialisten das Schießen mit der Innenseite des Fußes bevorzugen. Damit meine ich frühere Topspieler wie Ronald Koeman oder Gerrie Mühren, die regelmäßig 14 von 15 Strafstößen zu verwandeln wussten.
Eine Fähigkeit, die man kaum vermitteln kann. Entweder man hat es oder man hat es nicht. Ich glaube auch nicht, dass es sinnvoll ist, Strafstöße zu trainieren. Es geht nämlich um die Frage, ob du in der Lage bist den Ball ins Tor zu schießen; das ist an sich so schwierig nicht. Nein, es geht genau darum, ob man das in einem vollen Stadion schafft, unter enormem Druck. Eine Situation, die im Training nie und nimmer nachgeahmt werden kann.
Was den Torwart betrifft, der muss versuchen so lange wie möglich stehen zu bleiben und dabei keine Ecke anzubieten. Doch gibt es Torhüter, die genau dies machen, um den Schützen noch einmal extra zu provozieren. Die gehen einen Schritt von der Mitte entfernt in der Hoffnung, dass der Ball in die aus Sicht des Torwarts beste Ecke geschossen wird.
Auch hier gilt: der Schütze wird verunsichert. Und Verunsicherungen können bei diesem Glücksspiel tödlich sein.
Kommen wir zum Provozieren eines Strafstoßes. Es gibt Fußballer, die das herausfordern. Ich habe keine Probleme damit, solange es innerhalb

der Regeln des Fair Play passiert. Meistens sind es Aktionen, die mit hoher Geschwindigkeit vom Mittelfeld aus ihren Ausgangspunkt nehmen und die sehr schwer abzuwehren sind. Spieler wie Johan Neeskens, Frank Arnesen und Sören Lerby waren in früheren Jahren darin absolute Meister.

Ein anderes gutes Beispiel ist der Strafstoß, den ich während des WM-Finales 1974 gegen Deutschland provozierte. Vom Mittelfeld aus startete ich dribbelnd mit dem Ball nach vorn, kurz vor dem Strafraum kam die Beschleunigung, wobei ich den Ball kurz anhob und versuchte, den Verteidiger eng zu passieren. Durch die Geschwindigkeit, die ich in diesem Augenblick hatte, musste der Abwehrspieler nur den Ball spielen, falls nicht hätte er ein Problem.

Das wurde deutlich. Mein deutscher Gegenspieler (Uli Hoeneß) verpasste den Ball, berührte ein Bein und aufgrund der Schnelligkeit ging ich zu Boden. Also ein echtes Foulspiel, keine simulierte Aktion, wie wir sie leider öfter sehen. Schauspielerei, die ich fürchterlich hasse.

In dieser Hinsicht dürfen die Spielregeln von mir aus so verändert werden, dass jemand, der sich bewusst fallen lässt, mit einer roten Karte bestraft wird.

Abgesehen von der Frage, ob so eine Regel kommt, bringt ein Reingrätschen im Strafraum ein enormes Risiko mit sich. Versuche es auf ein Minimum zu reduzieren und praktiziere es nur, wenn du zu hundert Prozent sicher bist, den Ball zu treffen. Falls nicht, bettelst du förmlich um einen Strafstoß und darfst dann nicht meckern, wenn du durch einen Angreifer reingelegt wirst. Als Verteidiger hat man im 16er nur dafür zu sorgen, dass man Ball und Gegner vor sich hat. Das ist die Regel.

Einmal führte ich einen Strafstoß zusammen mit Jesper Olsen zu zweit aus. Wenn ich ehrlich, war das einfach nur ein Gag. Hätte es 0:0 gestanden, wäre das natürlich nie passiert. Aber wir lagen lange vor Spielschluss so deutlich in Führung, dass die Anspannung aus dem Spiel war, und mit diesem Scherz wollten wir die Anhänger doch noch unterhalten. Nun, das ist zumindest geglückt.

Es ist eins der wenigen Male, dass ich einen Strafstoß geschossen habe. Dass dies kaum passierte, hatte vor allem damit zu tun, dass ich bei Ajax (Henk Groot und Gerrie Mühren), bei Barcelona (Johan Neeskens) immer einen perfekten Strafstoßschützen (Carles Rexach) und in der

niederländischen Nationalmannschaft im Team hatte.
Bleibt am Schluss noch die entscheidende Rolle, die Elfmeter spielen, wenn Spiele unentschieden geendet haben, aber doch entschieden werden müssen. Während meiner Laufbahn habe ich es mit drei Varianten zu tun gehabt: der Entscheid per Münze, das amerikanische Shoot-out und die Entscheidung durch Elfmeter.
Ich muss ehrlicherweise zugeben, dass ich das Elfmeterschießen für die schlechteste Option halte. Es ist nicht ideal, aber ich kenne auch keine bessere Lösung. Wichtig ist vor allem, dass ein Spiel fußballerisch entschieden wird.

DIE GRUNDLEGENDEN REGELN BEIM STRAFSTOSS

1 Stell dich immer gerade hinter den Ball, sodass man zwei Ecken zur Auswahl hat.
2 Der Ball muss beim Schuss ausreichend Geschwindigkeit bekommen.
3 Rechtsfüßer, die in die linke Ecke schießen wollen, müssen den Ball mit der Vorderseite des Fußes treffen.
4 Soll der Ball in die rechte Ecke, dann muss er mit der hinteren Innenseite des Fußes geschossen werden.
5 Auch kann man den Ball à la Neeskens schießen: gradlinig aufs Tor ballern.

16
DER TORWART

Es ist mir über die Jahre hinweg aufgefallen, dass Torhüter auf eine aparte Art und Weise beim Fußball mit einbezogen werden. Ein bisschen schwarz-weiß gemalt, unterscheidet man zwischen jemanden, der eigentlich im Fußball nichts zu suchen hat und mehr Affinität zu Sportarten wie Basketball, Baseball oder Handball hat. Meistens kommt heraus, dass Torhüter in jungen Jahren eine diese Ballsportarten mit Fußball kombinieren. Als die Rückpassregel eingeführt wurde, hatte dies zur Folge, dass der „Einzelgänger" mehr in den Fußball hineingezogen wurde. Der Torwart musste nun auch etwas mehr mit den Füßen machen als nur seine Hände zu benutzen.
Deshalb muss von Kindheit an das Training entsprechend angepasst werden. Die Füße müssen immer mit einbezogen werden, sie gehören dazu.
Es ist deutlich, dass besonders Torhüter in der Altersgruppe bis 12 mit einem Problem zu kämpfen haben, weil sie den Ball nicht so häufig aus der Hand abschlagen dürfen. Sie einfach wie bei den Senioren mitspielen zu lassen ist nicht realistisch, weil die Jungen und Mädchen noch nicht in der Lage sind, einen langen Ball zu spielen. Deshalb muss ein Jugendtrainer seine Torhüter beim Training im Wettkampf und im Positionsspiel mitmachen lassen. Darüber hinaus müssen die Mitspieler darauf

hingewiesen werden, dass sie ihrem letzten Mann dadurch helfen, dass sie sich näher am Tor anbieten.
Zurück zur Anfangsphase, der Phase, in der ein junger Torwart sich anbietet. Zur Auswahl eines Torwarts kann ich eigentlich wenig sagen, weil es dazu keine Faustregeln gibt. Jemand, der im Tor stehen will, muss sich selbst spontan melden. Zudem bin ich kein Anhänger davon, jemanden so früh abzustempeln. Und zwar deswegen, weil dies genau die Stärke des Fußballs ist, dass es eine der wenigen Sportarten ist, die jeder ausüben kann.
Weil der Torwart jetzt immer mehr mitspielen darf, ergibt sich eine ähnliche Situation wie früher im Park oder auf der Straße. Wenn keiner Lust hatte, den Torwart zu spielen, dann spielte man eben mit einem fliegenden Torwart und das gefiel allen.
Weil der Torwart auch immer mehr der fliegende Torwart wird, wächst auch das Interesse für die Rückennummer 1.
Während des Trainings eines Jugendtorhüters muss man verhindern, dass der Druck auf ein Kind zu groß wird. Eigentlich muss man spielerisch daran feilen.
Eins der ersten Elemente, das trainiert werden muss, ist das Fallen. Ein junger Torwart muss so zu fallen lernen, dass er sich nicht weh tut. Wenn es nicht schmerzt, dann entsteht auch keine Angst und der Nutzen wird automatisch größer.
In dieser Phase gelten ein paar Grundregeln, die jede Woche auf dem Trainingsprogramm stehen müssen. In erster Instanz ist es Übersicht und dann die Art und Weise, wie man dabei den Körper benutzt. Also nicht nur das Sehen trainieren, sondern auch das Bewegen.
Dann sind da natürlich das Fangen des Balles, die Ballkontrolle und das Antizipieren, wenn man den Ball unter Kontrolle hat. Das ist die Grundlage. Von dort aus geht es immer einen kleinen Schritt weiter, wobei man als Trainer nicht aus dem Auge verlieren darf, dass es den perfekten Torhüter nicht gibt. Genauso wenig wie es noch niemals einen perfekten Fußballer gegeben hat.
Damit wird deutlich, dass während dieses Prozesses der Einfluss des Trainers sehr groß ist. Gerade weil er helfen muss, das Talent des jungen Torwarts zu entwickeln und dabei mit enorm vielen Dingen rechnen muss.

Beispielsweise das Wachstum, mit dem es jedes Kind zwischen 12 und 16 zu tun bekommt. Eins der wichtigsten Probleme, mit denen ein Jugendtorwart zu kämpfen hat, ist seine Koordination, ein wesentlicher Bestandteil des Torwartspiels. Es gibt nichts Einfacheres als zu sagen, dass so ein Junge alles verlernt hat. Wichtiger ist, dass man als Trainer solch einen Prozess erkennt und als solchen begleitet. Oft sieht man nach kurzer Zeit, dass der Torwart immer besser mit dieser Situation umgehen kann und sich danach wieder weiter entwickelt.

Genauso muss die Begleitung eines Torwarts in späterem Alter sehr personenbezogen, individuell bleiben. Kraft und Konditionstraining sind wirklich nur notwendig für Leute, die das tatsächlich nötig haben. Wenn man genügend Kraft hat, kann man den Schwerpunkt besser anderswo setzen.

In den ersten Jahren ist beim Torwarttraining das Thema Übersicht das wichtigste, zudem der Körpereinsatz und der Umgang mit dem Ball. Wenn diese Aspekte gut entwickelt und ausgebildet sind, dann sieht es auch meist gut aus bei Technik und Beweglichkeit.

Je älter man wird und je schneller das Spiel wird, desto mehr bekommt man es automatisch mit der Kontrolle des Rhythmus zu tun. Ich meine damit, dass man seine Reaktionen den Tempo-Unterschieden im Spiel anpassen muss. Vor allem bei den Profis ist es sehr wichtig, dass man nicht zu schnell reagiert. Das Dosieren des Reaktionsvermögens ist für den fortgeschrittenen Keeper ein wichtiges Element, das eng mit der inneren Ruhe zusammen hängt.

Damit wäre dann der Torwart in seiner Entwicklung in einer Art Endphase angekommen. Stelle deshalb zuerst in der Jugend sicher, dass die grundlegenden Prinzipien des Torwartspiels vermittelt werden. Je besser dies gelingt, desto mehr Selbstvertrauen und desto mehr innere Ruhe entsteht. Und je mehr Ruhe der Torwart ausstrahlt, je mehr er sich selbst unter Kontrolle hat, umso mehr kann er als Ruhepunkt und Kopf der Abwehr wirken.

Ich habe gerade gesagt, dass der perfekte Torwart nicht besteht, genauso wenig wie man den normalen Torwart beschreiben kann. Auch in hundert Jahren werden Torhüter an der Spitze stehen, die sich qua Stil komplett unterscheiden. Der Torwart, der vor allem auf der Linie gut ist, der technische versierte Torwart, der Keeper, der vor allem bei Flanken

seine Stärken hat, der Torwart als Abwehrchef – und so gibt es noch eine ganze Reihe verschiedener Typen.
Was und wen ich bevorzuge, ist inzwischen wohl bekannt. Weil ich nun mal den Offensiv-Fußball favorisiere, suche ich immer den Torwart, bei dem die Mannschaft sich so selten wie möglich nach hinten orientieren muss und der selbst auch aktiv mitspielt.
Jemand, der sehr viel Ruhe ausstrahlt und wenig Bälle benötigt, um ins Spiel zu kommen, da er pro Spiel oftmals nur zwei bis drei Mal aktiv werden muss.
Jemand, der nicht nur gut Bälle abwehrt, sondern gut Fußball spielt, taktisch stark ist und führen kann.
Der Grund liegt einfach darin, dass die Zusammenarbeit zwischen Torwart und Verteidiger vor allem eine Frage von Taktik und Coachen ist. Doch frage ich mich, ob dies serös trainiert wird: die Ahnung zu wissen, wo Torwart und Verteidiger stehen müssen. Wenn man dies trainiert und oftmals wiederholt, entsteht immer mehr ein Automatismus und es funktioniert schließlich am Ende fast von selbst.
So ist das Tor 7,32 Meter breit. Ein Torwart kann davon fünfeinhalb bis sechs Meter abdecken. Bleiben noch gut eineinhalb Meter. Auch dies muss gesichert werden. Dabei hat der Torwart die Regie und ein Teil der Durchführung liegt bei den Verteidigern. Wird dies gut gemacht, dann weiß ein Verteidiger genau, wann er einen Ball blocken muss und wann nicht. In den meisten Fällen kann er den Angreifer ganz einfach zum Schuss kommen und den Torwart seinen Job machen lassen.
Er muss immer verhindern, dass der Ball in seine „Ecke" von eineinhalb Metern kommt. Macht er das nicht, dann ist der Torwart chancenlos.
Aber all seinen Qualitäten zum Trotz – die Hauptaufgabe des Torwarts ist und bleibt das Verhindern von Toren.
Wie man das macht, kommt erst an zweiter Stelle.

5 TIPS

1 Sorge dafür, dass der Ball nicht ins Tor geht. Wie das geschieht, ist erst in zweiter Linie interessant.
2 Sorge dafür, dass du die technischen Aspekte des Torwartspiels gut beherrschst.

3 Coache die Hintermannschaft.
4 Versuche auch als Fußballer zu denken und zu handeln. Aufgrund der neuen Regeln musst du mitspielen können, also sorge dafür, dass du einen Ball gut annehmen und gut weiterspielen kannst.
5 Strahle Ruhe aus. Je mehr du dich selbst unter Kontrolle hast, desto besser ist dies für die Mannschaft.

17
DIE VERTEIDIGER

Ein Verteidiger ist in erster Linie jemand, der einen Gegenspieler ausschalten muss. Dies gilt gleichermaßen für den rechten Verteidiger, den Vorstopper, den letzten Mann als linken Verteidiger.
Für jede dieser Positionen gibt es verschiedene Verteidigertypen. Ein rechter Verteidiger so wie Berry van Aerle oder jemand wie Dani Alves. Das sind doch Unterschiede. Aber es gilt doch die Grundregel: zuerst den Gegenspieler ausschalten und erst dann nach vorn mitspielen.
Im vorherigen Kapitel sprach ich davon, dass es für die Auswahl eines Torhüters eigentlich keine Faustregeln gibt. Hier heißt es, so wenig wie möglich einzugreifen, also sollte sich ein Torwart spontan selbst melden. Im Hinblick auf den Verteidiger ist das nicht viel schwieriger. Einen Verteidiger muss man eigentlich nicht suchen. Wenn man sich ein Jugendspiel ansieht, merkt man sofort, wer Verteidiger ist. Das kann man schlecht beschreiben; der Fußballliebhaber erkennt so einen Spielertyp ganz einfach.
Wir sprechen dann wohl über den lupenreinen Verteidiger. Erst in einer späteren Phase haben wir es mit einem Außenspieler zu tun, der es auf dieser Position nicht schafft und schließlich Verteidiger wird.
Das Sympathische an diesen beiden Typen ist, dass der eine das nicht hat, was der andere hat. Der eine ist eine Art Terrier, der schnell und stark ist

und in einer Hälfte agiert. Der andere mehr technisch begabt, ist immer anspielbar und ist taktisch stark.
Weil Ausbildung insbesondere beinhaltet, dass die Stärken erhalten bleiben und die weniger guten Fertigkeiten minimalisiert werden, muss der auf die Defensive orientierten Verteidiger in erster Linie Probleme im Mittelfeld lösen, während der fußballerisch gute Verteidiger die Situation Eins-gegen-Eins trainieren soll. Darauf komme ich später noch zurück.
Zuerst möchte ich die vier Grundregeln für einen Verteidiger benennen.
In erster Linie muss ein Verteidiger schnell sein, darüber hinaus muss er das Tackling beherrschen, konditionell stark sein und beim Aufbau mitmachen können.
Ab dem zehnten Lebensjahr kann man bereits anfangen, einen guten Verteidiger auszubilden. Genau wie bei Spielern auf anderen Positionen muss sofort an der Balltechnik gearbeitet werden. Ein Verteidiger muss vor allem funktionale Technik lernen. Das heißt so einfach wie möglich einen Ball stoppen und spielen.
Ein Verteidiger, der zum Beispiel einen Ball mit Effet zum Torwart zurückspielt, besorgt seinem Mannschaftskollegen Probleme. Der Torwart hat dann viel mehr Zeit nötig, um den Ball zu kontrollieren, also hat dann ein Angreifer auch die Chance, es dem Torhüter schwer zu machen. In dieser Hinsicht bin ich Anhänger der englischen Technik: Bemühe dich darum den Ball hart und klar zu spielen und sorge dafür, dass du in einem Male den Ball unter Kontrolle hast.
Eine der Trainingsformen, um eine effiziente Schusstechnik zu lernen, ist das sogenannte Rondo. Acht bis zehn Spieler bilden einen Kreis, in dem zwei Spieler versuchen den Ball abzufangen. Beginne mit einer einfachen Übungsform an, erhöhe behutsam den Schwierigkeitsgrad.
Wichtig ist die Einstellung, mit der die Spieler das Rondo beginnen. Geschieht es in ausgelassener Atmosphäre oder läuft es seriös ab? Anders ausgedrückt, geht es darum, jemanden reinzulegen oder versucht man gerade das zu verhindern? Da macht es beispielsweise schon einen Unterschied, ob jemand einen Effetball oder einen strammen Pass spielt. Für dich selbst gibt der mit Effet gespielte Ball zwar einen Kick, inzwischen machst du es deinem Kollegen, also auch dem Team, unnötig schwer.
Das Rondo fängst du an, indem der Ball mit einem Mal abgespielt wird, ohne dass die zwei Spieler in der Mitte dazwischen kommen. Um die

Übung etwas schwieriger zu machen, macht man den Kreis etwas kleiner, wodurch Fehler wahrscheinlicher werden. So kann man diese Übungsform immer weiter ausbauen, was nicht nur die technischen Fertigkeiten, sondern auch die Denk-Geschwindigkeit herausfordert.
Um dies noch mehr anzuregen, kann man zu einem gegebenen Zeitpunkt drei anstelle von zwei Spielern in den Kreis stellen. Das Besondere daran ist, dass der Spieler mit Ball nie den dritten Mann sehen kann, weil er aus seinem Blickwinkel nur zwei im Auge behalten kann.
Weiter kann man andere Variationen einführen, zum Beispiel, indem der erste Ball zum Spieler neben dir gespielt werden muss oder an den übernächsten Spieler. Oder man lässt jeden dritten Spieler den Ball mit links spielen.
Noch schwerer ist es, das Rondo im Mittelkreis zu spielen. Wenn man einmal ohne Kreis auskommen will, dann spielt man besser in einem Quadrat von 16 mal 16 Meter im Strafraum. Mit ein bisschen Phantasie kann man sich hierzu Dutzende Variationen ausdenken, und meine Erfahrung zeigt, dass Fußballer, egal ob jung oder alt, verrückt danach sind.
Bis jetzt haben wir das Rondo nur vom Gesichtspunkt des Spielaufbaus besprochen, aber es ist klar, dass die zwei oder drei Spieler in der Mitte eben eine defensive Aufgabe haben. Sie sind damit beschäftigt, den Ball abzufangen, und dabei gelten drei Faustregeln:
1 Achte nicht auf den Körper des Gegners, halte immer den Ball im Auge.
2 Versuche den Angreifer in eine Situation zu zwingen, wodurch du die größte Chance hast, den Zweikampf zu gewinnen; das kann die Seite deines starken Fußes oder eine Ecke sein.
3 Benutze das Tackling.

Für einige hört sich das aus meinem Mund ein bisschen verrückt an, weil in verschiedenen Diskussionen über die sportliche Seite des Fußballs die Abschaffung des Tacklings ein Thema ist. Ich bin ein Gegner davon, weil ein gut durchgeführtes Tackling für mich ein wesentlicher Bestandteil des Fußballs ist.
Um dies zu trainieren, lässt du es am besten zuerst von einem Jungen oder Mädchen vormachen, die dies beherrschen.
Das Ziel dabei ist es, das Bein quasi zu verlängern. Es ist das letzte Mittel, das aber nur dann ausgeführt wird, wenn du sicher bist, dass du den Ball

bekommst. Falls nicht, dann lass es, weil du auf dem Boden nicht mehr agieren kannst.
Mit dem Tackling verhält es sich genauso wie mit einem guten Schuss, je besser du es machst, desto schöner fühlt es sich an. Bei einem gut ausgeführten Tackling gibt es nur einen minimalen Kontakt zwischen Körper und Boden. Du gleitest zur Hälfte über Hüfte und Gesäß, wobei ein Bein quer unter dem Körper ist und das andere Bein zum Lenken benutzt wird. Das Gute daran ist: Gelingt das Tackling, ist man gleich wieder auf den Beinen.
Ein gutes Tackling erfordert viel Aktion. Ich konnte es selbst auch ganz gut, weil ich als kleiner Junge Baseball gespielt habe und dauernd das Sliding trainieren musste.
Bleibt noch die letzte Voraussetzung für einen guten Verteidiger: das Positionsspiel. Das ist eine Sache des Gefühls, von Technik und Übersicht, das im Prinzip beim klassischen Verteidiger fehlt. Der zum Verteidiger umfunktionierte Außenspieler hat dies viel besser drauf. Die effizienteste Art, dies zu trainieren, ist es, sowohl Pressing als auch auf Ballbesitz zu spielen. Das geht am besten zuerst in einem eher niedrigen Tempo (jeder Spieler berührt den Ball mindestens zweimal) und später in höherem Tempo (höchstens zweimal den Ball berühren).
Dabei gehen wir von einem Gegner mit zwei Spitzen aus. In diesem Fall muss einer der beiden Verteidiger in dieser Position spielen und ist es besonders die Aufgabe des Trainers, die Spieler hierbei gut und intensiv zu begleiten.
Wichtig beim Positionsspiel ist es, Rückendeckung zu geben, nicht den Raum hinter dem Mitspieler zu verkleinern, sondern den Raum nach innen. Andersherum würde das Spielfeld zu lang – und das wäre wiederum ein Vorteil für den Gegner.
Ganz konkret: wenn der Gegner zwei Angreifer hat, dann wird eine Spitze an der Außenseite und einer in der Mitte gedeckt. Dadurch wird ein Verteidiger frei, der sich beim Verteidigen in der Mitte anschließt.
Die Gefahr, durch einen Pass in die Tiefe ausgespielt zu werden, gibt es kaum. Wenn jeder gut aufgestellt ist, dann ist der freie Verteidiger immer die beste Option, weil er am nächsten zum Torwart steht.
Der Inbegriff der Raumdeckung besteht darin, dass die zwei Angreifer in die Mitte genommen werden. Und zwar so abgedeckt, dass sie nicht

angespielt werden können. Eine ganz andere Art und Weise zu verteidigen, die eigentlich nur den Top-Mannschaften vorbehalten ist.
Am Anfang des Kapitels bin ich von zwei Typen von Verteidigern ausgegangen. Der Unterschied zwischen dem Typ Berry van Aerle/Wim Suurbier und dem Typ Frank de Boer/Dani Alves wird besonders dann deutlich, wenn der Gegner mit zwei oder drei Spitzen spielt. Gegen drei Angreifer gehört der defensive Verteidiger zu den absoluten Könnern, hat der Gegner zwei Spitzen dann kommt der Typ De Boer/Alves mehr zu seinem Recht. Gerade weil man es mit zwei entgegengesetzten Typen zu tun hat, muss man immer von Spiel zu Spiel entscheiden, wen man dazu am besten aufstellen kann.
Berry van Aerle kann aufgrund seiner Schnelligkeit viel korrigieren und war auch in den Eins-gegen-Eins-Situationen besser als Frank de Boer, der nicht besonders schnell war, aber in der Regel so gut stand, dass er schnell genug war, um einiges zu korrigieren. Darüber hinaus war de Boer effektiver im Aufbau.
Das wird gegenwärtig weniger von Alves verlangt, der besser mit seinen offensiven Qualitäten als mit seinen aufbauenden zum Zug kommt. Das hat damit zu tun, dass Mannschaften heutzutage ihre beiden Spitzen im Zentrum agieren lassen. Dabei geht es für die Verteidiger darum, die richtige Position im Raum zu finden. Ein Back bleibt Verteidiger, und ein Back schiebt weiter und wird dadurch ein zusätzlicher Angreifer.
Gibt es wenig Raum, weil der Gegner Druck aufbaut, dann ist es besser, einen Back zu haben, der gut in der Manndeckung funktioniert und gut einen Ball erobern kann. Gibt es viel Raum, weil der Gegner hinten bleibt, dann bringt es mehr, wenn man einen Back hat, der den Angriff unterstützt und als zusätzlicher Angreifer fungieren kann.
Gerade wegen des sehr speziellen Charakters beider – an sich sehr wertvoller – Spieler kann ein Back in einer Top-Mannschaft wie der niederländischen National-Elf nie einen Stammplatz erhalten. Gerade weil man je nach Gegner entscheiden muss, welcher Typ der Mannschaft am meisten nutzt.
Umgekehrt wandte ich als Coach von Barcelona im Gegenzug häufig an, dass ich meine Offensive als Antwort auf die Aufstellung der gegnerischen Hintermannschaft aufstellte. Gegen Frank de Boer stellte ich einen Typ wie Goicochea auf, einen tief agierenden Außen, der de Boer

zur Manndeckung zwang. Aber gegen einen Berry van Aerle würde ich wiederum so einen Spieler wie Michael Laudrup den Vorzug geben – ein Spieler, der in allen Räumen des Spielfeldes zu finden ist und der seine Stärken sowohl im Mittelfeld wie auch im Angriff hat. Der einen Spieler wie van Aerle also dazu bringt, den Raum zu verteidigen.
Daran sieht man, dass die Position des Backs viel mehr zu bieten hat, als man anfangs gedacht hätte. Deshalb ist es auch vollkommen falsch, welchen Verteidiger auch immer herabzuwürdigen, denn damit verkennt man, welchen Wert so ein Spieler für die Mannschaft hat. Genau wie insgesamt im Fußball geht es immer darum, den Verteidiger in seiner Bedeutung realistisch einzuschätzen.

5 TIPPS

1 Stelle eine funktionelle Technik sowohl mit links wie auch mit rechts sicher.
2. Sorge für ein gutes Know-how in Sachen Positionsspiel.
3 Trainiere auf ein gutes Tackling.
4 Schnelligkeit ist eine Voraussetzung.
5 Sorge für eine gute Kopfballtechnik.

18
DER FREIE VERTEIDIGER

Von allen Spielern in der Abwehr ist der freie Verteidiger der kompletteste. Weniger als der zum Beispiel der Innenverteidiger muss dieser Typ Fußballer ganz besonders allround sein. Er muss stark im Raum sein, über eine gute Technik am und mit dem Ball verfügen, gut nachrücken können, gut organisieren können, gut im Spiel Eins-gegen-Eins sein, gut im Kopfballspiel sein und der freie Verteidiger muss einen guten Pass spielen können. Ein fußballerischer Alleskönner, womit klar wird, dass man bei der Wahl eines solchen Spielers einen der besseren Fußballer im Auge haben muss. Oftmals betrifft es einen angreifenden Mittelfeldspieler, der gezwungen wird auch einen Schritt zurück zu gehen.
Wir meinen damit einen freien Verteidiger, wie ich ihn am liebsten agieren sehe. Begriffe wie Libero oder Letzter Mann halte ich eher für unpassend, weil sie der Bedeutung, die dieser Spielposition zukommt, nicht gerecht werden.
Es gibt zwei Typen. Der reine Verteidiger im italienischen Stil, der in meinen Augen absolut nicht den Namen freier Verteidiger verdient, weil er nie oder selten fußballerisch aktiv wird. Die zweite Variant meint den freien Verteidiger, der eine zentrale Rolle innerhalb der Mannschaft spielt und ein multifunktionaler Fußballer ist.
Obwohl er hinten spielt und auch Manndeckung eine seiner Aufgaben

ist, muss der freie Verteidiger in erster Linie seine Mannschaft zusammen halten. Er sorgt dafür, dass die Innenverteidiger nicht hinter ihm hängen bleiben und nimmt die letzte Linie soweit mit nach vorn, dass die Mannschaft ein Ganzes bildet und nicht in zwei Teile auseinanderfällt.
Gerade wenn man als Team offensiv eingestellt ist, macht es wenig Sinn, zu viel hinten hängen zu bleiben und so dem Gegner sich die Möglichkeit bietet, zwischen den Linien sein Spiel aufzubauen.
Weil ein freier Abwehrspieler permanent damit beschäftigt ist, ein optimales Wechselspiel zwischen Abwehr und Mittelfeld/Angriff herzustellen, ist es nicht mehr als nur logisch, dass die meisten guten freien Verteidiger frühere Mittelfeldspieler sind. Wie Franz Beckenbauer, Franco Baresi, Ronald Koeman und auch Ruud Krol, der sogar als Rechtsaußen angefangen hatte.
In der Jugend kann schon sehr früh mit der Herausbildung eines solchen Spielertyps begonnen werden. Es gibt zwei Möglichkeiten, einen Jugendfußballer als freien Verteidiger reifen zu lassen. Spielt der Gegner mit drei Spitzen, dann muss die letzte Linie ganz einfach Eins-gegen-Eins spielen. Also nur mit zwei Innenverteidigern und einem freien Mann.
Die Gefahr besteht allerdings darin, dass man aufgrund der natürlichen Lockerheit des zentralen Spielers wohl auch mal ein Spiel verlieren wird, aber das ordne ich ein unter Pech.
Es geht vor allem darum, gut auszubilden und dann muss man solche Dinge einkalkulieren. Die andere Variante besteht darin, den freien Mann aus der Abwehr zentral ins Mittelfeld zu nehmen. Mit vielen Spielern um sich herum, wodurch er gezwungen ist, seine Handlungsschnelligkeit zu erhöhen.
Damit entwickelt man ganz automatisch dessen defensive Qualitäten und dessen Handlungsschnelligkeit. Zwei Dinge, die man vernachlässigen kann, wenn man ein Talent ganz locker als reinen letzten Mann spielen lässt.
Es ist wohl klar, dass während solch eines Lernprozesses von Zehn- bis Zwölfjährigen nicht dasselbe verlangt werden kann wie von einem Ronald Koeman in seiner besten Zeit. Von einem Kind einen Pass in die Tiefe in Richtung der Außenstürmer zu erwarten ist wenig realistisch, aber man kann allenfalls darauf hinweisen. Physisch sind sie dazu noch nicht in der Lage, aber wenn sie die Möglichkeit zu so einem Pass

erkennen, sind sie schon ein gutes Stück auf dem richtigen Weg. Genauso übrigens wie das Einschätzen von Situationen unabdingbare Qualitäten eines guten freien Mannes sind. Dadurch kommt man in einem bestimmten Moment in die Phase, in der die Kombination von freiem Verteidiger und Vorstopper freien Lauf erhält und im Abwehrzentrum kein einziger Spieler mehr ist. Ein bisschen die Kombination Danny Blind/Wim Jonk. Zwei Spieler, die im Positionsspiel so stark sind, dass nicht mehr hinter den Spitzen gedeckt wird, sondern davor. Der Angreifer steckt im wahrsten Sinne des Wortes in der Zange zwischen dem freien Mann Danny Blind und dem zentralen Mittelfeldmann Wim Jonk. Er wird zwar nicht konsequent abgeschirmt, ist aber durch das Positionsspiel der beiden Gegner auch nicht anspielbar und deshalb auch nicht gefährlich.
Es ist deutlich geworden, dass ich ein Anhänger der früheren Blind-Jonk-Kombination bei Ajax, der Koeman-Guardiola-Variante beim FC Barcelona oder der Verbindung Koeman/Jonk in der niederländischen Nationalmannschaft bin. Vor allem deshalb, weil man hierbei einen Abwehrspieler gegen einen Angreifer eintauscht, was wiederum dem eigenen Spielaufbau zugute kommt.
Eben weil die Mannschaft dann über mehr Fußballqualität verfügt, gibt es weniger Ballverlust und muss der Ball von beispielsweise 50 Mal nur 20 Mal zurückerobert werden. Also muss automatisch weniger verteidigt werden.
Das ist auch der Unterschied zwischen der einen und der anderen Top-Mannschaft.
Zum Beispiel AC Mailand und Inter. Der Unterschied wird nicht durch die Angreifer, sondern durch die Abwehrspieler verursacht. Die bei Inter machten beim Aufbau nach vorn nicht mit, während bei AC Mailand Typen wie Maldini, Tassotti und Baresi regelmäßig wichtige Tore erzielten. Dieser Unterschied war auch in der Periode 1977 bis 1984 auszumachen, als Liverpool in England unangreifbar war und viermal den Europa-Pokal der Landesmeister gewann. Während die britischen Klubs meist über eine technisch eher mäßige Abwehr verfügten, besaß Liverpool als einzige Mannschaft zwei fußballerisch starke Innenverteidiger.
Und genau dieser Typ Spieler bestimmt das Drehbuch für ein Spiel.
So war Ronald Koeman in der Regel in der Lage, mit einem Pass vier,

fünf, manchmal sogar sechs Gegenspieler stehen zu lassen und zugleich Mitspieler, die mit dem Gesicht zum gegnerischen Tor standen, in Ballbesitz zu bringen. Die Wirkung von so einem effizienten langen Ball (je schneller der gespielt wird, desto besser) besteht eben aus zwei positiven Dingen. An erster Stelle bleiben dadurch ausreichend Mitspieler hinter dem Ball und darüber hinaus läuft es dann im Angriff besser.
Aber wenn die übrige Mannschaft nicht mitdenkt, dann bricht das Eis unter deinen Füßen weg, wie man bei uns in den Niederlanden sagt. So gut Spieler wie Franz Beckenbauer, Ronald Koeman und Franco Baresi auch sein mögen, ohne ihre Mitspieler kommen auch sie nicht zum Zuge. Antizipiert die Mannschaft nicht genau die Aktionen des freien Mannes, dann lassen sie eine nicht unwichtige Schaltstelle der Mannschaft förmlich im Regen stehen. Die Kritik, mit der Ronald Koeman in der Vergangenheit in der niederländischen Nationalmannschat konfrontiert wurde, war davon die unmittelbare Folge. Viele Leute sahen nicht, dass nicht Koeman die Ursache des Problems war, sondern der Rest der Mannschaft. Die Spieler hatten es nicht begriffen, wie ein freier Mann maximal ins Spiel einbezogen werden muss.
Wenn ein Spieler wie Koeman in Ballbesitz ist, muss die Mannschaft gleich für drei Anspielmöglichkeiten sorgen: der am nächsten stehende Spieler, die nachfolgende Linie und die Außen. Fehlt eine dieser Optionen, bekommt der freie Mann Probleme.
Dies zeigt an, wie sehr die Leistung eines freien Verteidigers abhängig vom Teamwork ist. Egal wieviel Talent er auch hat.

5 TIPPS

1 Ein guter Pass ist eine Voraussetzung.
2 Sorge dafür, dass du beidfüßig spielst.
3 Du musst bei Kopfbällen stark sein.
4 Halte die Mannschaft zusammen.
5 Sorge dafür, dass du allround bist; du musst sowohl im Raum gut verteidigen auch als im Spiel Eins-gegen-Eins.

19

DER VORSTOPPER

Den Begriff Vorstopper benutze ich schon seit Jahren nicht mehr. Ein Spieler auf dieser Position ist ein defensiver Mittelfeldspieler, jemand, der also mehr machen muss als nur eine Spitze zu stoppen. Eine Entwicklung, die von der Praxis erzwungen wurde. Wenn ein Gegner mit zwei Angreifern operiert, sind drei Spieler in der Verteidigung genug. Damit nicht ein Spieler zu wenig im Mittelfeld agiert, muss einer der vier Abwehrspieler nachrücken – und das ist der frühere Vorstopper.
Ein zentraler Mann, der viel mehr drauf haben muss, als nur einen Gegner zu beschatten. Er muss deshalb über vier grundlegende Eigenschaften verfügen. An erster Stelle muss er sehr gut im Kopfballspiel sein. Dazu muss er sehr gut verteidigen können, wobei die gute Raumverteidigung eine Notwendigkeit ist. Zudem muss er sehr gut am Ball sein. Je weniger häufig er den Ball verliert, desto weniger muss er verteidigen. Schließlich muss er ein Spieler mit viel Überschicht sein.
Das zuletzt Genannte gilt vor allem deshalb, weil er das Sprachrohr während des Spielaufbaus ist. Wegen der Breite des Spielfeldes (ungefähr 60 Meter) ist es für die meisten Spieler unmöglich, den Ball in einem Male auf die andere Seite des Platzes zu spielen. Der defensive Mittelfeldspieler fungiert deshalb als Extra-Bundeglied und kann dadurch das Spiel sowohl nach links wie auch nach rechts verlagern. Wichtig ist, dass er

ganz besonders effektiv agiert und über eine sehr effektive Technik verfügt. Je schneller er den Ball weiterspielt, desto erfolgreicher ist! Wenn er länger benötigt, dann wird das Tempo aus dem Spiel genommen und für den Gegner vorhersehbar.
Geradeaus gesagt: Wenn der defensive Mittelfeldspieler seine Aufgaben nicht gut und schnell genug erledigt, dann ist er meist der Mann, der Konter des Gegners einläutet. Macht er seine Sache gut, dann ist man als Mannschaft offensiv im Vorteil. Kurz gesagt, ein wesentlicher Faktor innerhalb der Mannschaft.
Genau wie beim letzten Mann macht es wenig Sinn, einen Jugendlichen diese Position einnehmen zu lassen. Der Spieler muss sich zuerst technisch weiterentwickeln, bevor er sich als guter defensiver Mittelfeldspieler erweisen kann. Genau wie der freie Verteidiger muss der defensive Mittelfeldspieler zentral im Mittelfeld ausgebildet werden. Also mit vielen um sich herum, wodurch er genötigt ist, seine Handlungsschnelligkeit anzupassen. Erst danach kann er für die Position des defensiven Mittelfeldspielers gescoutet werden. Faktisch geht es um einen Jungen mit einer guten Technik, einer guten Übersicht und wenig Grundschnelligkeit. Ein Junge, der gut am Ball ist, aber Probleme dabei hat, einen Gegenspieler auszuspielen. Ein Spieler also, der seine Perspektive im wirksamen Annehmen und Spielen des Balles sieht. Jemand, der nicht extrem schnell ist, aber über ein hohes Maß an Handlungsschnelligkeit verfügt. Spieler wie Gerrie Mühren und Aaron Winter auf so einer Position machen wenig Sinn, weil dadurch zu viele Qualitäten ungenutzt bleiben und das ist eine Sünde.
Deshalb müssen die Überlegungen in Richtung eines Spielers wie John van den Brom, Wim Jonk und heutzutage Busquets gehen. Sie sind nicht wirklich schnell, aber gleichen dies aus, durch wirksames Handeln. Dank einer guten Technik und Übersicht.
Natürlich sind Varianten auf diese Sicht möglich. Ajax und Barcelona spielen mit einer dreiköpfigen Defensive, in der der Vorstopper als defensiver Mittelfeldspieler fungiert. Bei AC Mailand wird wiederum einer der beiden Innenverteidiger der vierte Mann im Mittelfeld, weshalb sich bei Ballbesitz ein zentraler Verteidiger vom Typ Costacurta um die Bewachung einer der beiden Spitzen kümmern muss. Falls bei Milan die offensiven Impulse nicht über die Innenverteidiger wie Maldini oder Tassotti

kommen, benötigt die Mannschaft in diesem Teil mehr einen Spielertyp wie Pep Guardiola oder Frank Rijkaard.
Und dann gibt es da auch noch das deutsche System, bei dem bei Ballverlust fünf Spieler in der Defensive sind und bei Ballbesitz zwei Innenverteidiger zu außen spielenden Mittelfeldakteuren werden.
Aber gut, ausgehend von der Art und Weise, wie ich einen defensiven Mittelfeldspieler einsetze, ist neben einer guten Technik Übersicht und eine gute Absprache mit dem freien Verteidiger und dem offensiven Mittelfeldspieler sehr wichtig. Sie müssen ständig miteinander im Kontakt stehen, um zu bestimmen, ob die Mannschaft nach vorn aufrückt oder sich nach hinten orientiert.
So kann der Vorstopper in seiner Rolle als defensiver Mittelfeldspieler, zusammen mit dem freien Verteidiger dafür sorgen, dass der gegnerische Mittelstürmer sowohl von hinten wie auch von vorn abgeschirmt wird. Er muss gewissermaßen von den beiden zentralen Akteuren in die Mitte, ins Sandwich genommen werden. Eine Art des Verteidigens, die nicht nur eine gute Kommunikation erfordert, sondern auch eine eiserne Disziplin. Dafür ist viel Können und sehr viel Trainingsarbeit erforderlich.
Wenn man anfängt, das zu trainieren, ruft dies bei bestimmten Spielern immer sehr viele Fragen hervor. Es ist elementar, dass man als Trainer darauf gleich richtig reagiert. Besonders die Tatsache, dass der Mittelstürmer sich frei bewegt, bedeutet einiges an Gewöhnung. Meine Antwort darauf ist, dass nur sehr wenige Angreifer wissen, wie sie damit umgehen sollen, wenn sie frei stehen.
Ab hier beginnt dann deine Trainingsarbeit.
Bei gutem Positionsspiel darf der Abstand zwischen defensivem Mittelfeldspieler und freiem Verteidiger nie mehr als 10 bis 15 Meter betragen. Dazwischen bewegt sich also der Mittelstürmer. Es ist dann nahezu unmöglich, um einen langen hohen Ball so zu spielen, dass er genau in diese zehn Meter fällt und auch noch über einen Spieler hinweggeht, der 1,80 Meter groß ist.
Wenn die beiden Abwehrspieler dann auch gut gegenüber aufgestellt sind, dann ist es fast unmöglich, mit einem langen flachen Pass den Mittelstürmer anzuspielen. Wie der sich auch bewegt, er steht immer in höchstens vier bis fünf Metern Abstand einem der beiden Verteidiger gegenüber.

Wird ein Angreifer nur von hinten abgeschirmt, dann ist er nahezu immer flach anspielbar, und genau das muss man verhindern. Achte mal darauf, bei Barcelona muss ein Mittelstürmer niemals den Ball abprallen lassen, Was durch die Jahre hinweg zu einem Hobby von mir geworden ist, besteht darin, den Angreifer in eine unnatürliche Situation zu manövrieren. So sucht ein britischer Mittelstürmer immer Kontakt zu einem Verteidiger. Also sorgst du dafür, dass da niemand steht. Es ist lustig zu sehen, wie so ein Angreifer das Gefühl für seine Laufrichtung verliert. Weil er keinen Abwehrspieler um sich weiß, kann er sich nicht orientieren – und damit ist ein nicht unwichtiges Problem gelöst.
Dasselbe gilt für das Verteidigen eines superschnellen und wendigen Mittelstürmers wie Wayne Rooney. Bekommt dieser Spieler Manndeckung, dann löst er sich doch während eines Spiels ein- oder zweimal. Erteile deshalb den Verteidigern den Auftrag, dass der zu Rooney am nächsten stehende Mann die Abwehrarbeit übernimmt. In dieser Situation ist es wichtig, dass man nicht auf den Gegner achtet, sondern auf Mitspieler und die dazwischen liegenden Räume.
Verteidigen hat viel mit Abständen zu tun. Dies zu beherzigen versetzt dich in die Lage, mit fußballerisch guten Verteidigern eine sehr solide Abwehr zu organisieren. Spielst du Eins-gegen-Eins innerhalb eines Raumes von fünf Metern, dann wird es auch für einen Angreifer nicht leicht, zu seinem Spiel zu kommen. Aber nur wenn die Kollegen dafür sorgen, dass der Raum zwischen dir und ihnen klein bleibt, ist immer Sicherheit angesagt.
Es schadet also nicht, wenn der defensive Mittelfeldspieler über Qualitäten verfügt, die der freie Verteidiger nicht hat. So steht dann eine Verteidigung für alle Fälle parat. Die Aufgabe beider Spieler ist es dabei, die Mannschaft zusammen zu halten und das Positionsspiel gut auszuführen.
Genauso wie alle Abwehrspieler über eine gemeinsame Eigenschaft verfügen müssen. Sowohl die Innenverteidiger, der freie Verteidiger wie auch der defensive Mittelfeldspieler müssen in der Lage sein, den Raum hinter sich zu verteidigen. Gerade weil wenige Spieler dies können, unterstreicht das noch mal, wie sehr das heutige Abwehrspiel dem Modell von vor 40 Jahren entwachsen ist. Deshalb muss jeder Verteidiger von Anfang an vielseitig ausgebildet werden.

5 TIPPS

1 Offensive Qualitäten sind ein Muss,

2 Man muss über eine klare Technik verfügen.

3 Man muss das Kopfballspiel können.

4 Sorge dafür, dass du das Positionsspiel gut beherrschst.

5 Ein guter Pass in die Tiefe ist Voraussetzung.

20
DER LINKE MITTELFELDSPIELER

Obwohl jede Position in der Mannschaft ihren Reiz hat, schätze ich eine ganz besonders. Ich habe immer eine Schwäche für den authentischen linken Mittelfeldspieler gehabt. Die Nummer 10 ist deshalb in meiner Mannschaft immer für den schlechthin besseren linksfüßigen Fußballer reserviert.
Außerdem gehört diese Zahl schon immer diesem Typ von Spieler. Eine eigene Art Stilist, mit einer Schlüsselposition in der Mannschaft. Besonders Brasilien hat Größen auf dieser Position hervorgebracht, wie Gerson und Rivelino, aber auch Nederland darf mit Wim van Hanegem und Gerrie und Arnold Mühren stolz darauf sein, wen es hervorgebracht hat. Wenn ich es so behaupte, fällt hier auf, das genau Brasilien und die Niederlande solche guten Fußballer haben. Es sagt wahrscheinlich etwas über die besondere Kultur beider Länder aus. Eine Kultur mit hohem künstlerischem Anspruch, und dazu gehört eben auch ein Platz für einen Spieler mit einem goldenen linken Fuß. Ich habe dies immer geschätzt und bin auch nicht bereit, da Konzessionen zu machen. Also spielten bei mir die Mannschaft von Ajax und Barcelona immer mit drei Spitzen, wobei der linke Mittelfeldspieler immer ein Spieler mit Ideen sein sollte, der weniger als die meisten anderen Spieler zu arbeiten hatte.
Deshalb finde ich es schade, dass der linke Mittelfeldspieler in den

Niederlanden dabei ist auszusterben, da man immer mehr von der typischen Holländischen Fußballidee abweicht. Denn auch in der Spitze sehe ich immer mehr linke Mittelfeldspieler, die anstatt weniger mehr arbeiten. Dass dieser Spielertyp sich in einen Läufer verwandelt, der Entfernungen zurücklegen und Flanken geben muss.
Ich halte das für Sünde und als Coach habe ich das nie zugestanden. Bei mir bekam dieser Spieler immer eine Spitze vor sich, wodurch er in seiner angestammten Rolle spielen konnte.
In meiner Sicht auf Fußball muss der linke Mittelfeldspieler über ein ordentliches Laufvermögen verfügen, ordentlich verteidigen könne und sehr gut Fußball spielen können. Ein Spieler, der einen Steilpass ebenso beherrscht wie den Kurzpass. Ein Spieler, der nicht direkt hinter der linken Spitze spielt, sondern an der Innenseite des Außenspielers. Dadurch kann er nicht nur das Dreieck zwischen ihm, dem Linksaußen und dem linken Innenverteidiger kontrollieren, sondern auch das Dreieck zwischen ihm, dem Linksaußen und dem Mittelstürmer. Er ist der Wächter des Positionsspiels, also muss er neben seinen technischen Qualitäten auch viel Übersicht besitzen, weil sich die Positionen verändern, wenn der Ball verlagert wird.
Er hat es meistens mit einem Gegner zu tun, der sein Pendant auf der anderen Seite ist. Bei den meisten Klubs sieht man meist den rechten Mittelfeldspieler, als tief gehenden Akteur, der sehr viel läuft und schnell ist. Um den gut verteidigen zu können, muss man besonders aufmerksam und schlau sein. Der Halblinks muss deswegen ein Händchen für alles haben und ist deshalb eine der interessantesten Fußballer.
Wie scoutet man einen Halblinks? Eigentlich ist das einfach wie nur irgendetwas. Dieser Spieler sichtet sich selbst. Es betrifft meist einen Spieler, der gern den Ball hat, sich gern müht und eine gute Übersicht besitzt. Übrigens ein elementarer Unterschied zum Linksaußen, der gern eine Aktion unternimmt und danach lieber eine kleine Auszeit nimmt.
Auffallend ist auch, dass Spieler, die als Linksaußen zu wenig können, meist Linksback werden oder linker Mittelfeldspieler. Wenn man es als Linksaußen technisch nicht schafft, dann bekommt man als Halblinks Probleme ohne Ende. Meist sind die Fähigkeiten dann aber so groß, um als Linksback den Anforderungen zu entsprechen. Theo van Duivenbode und Hugo Hovenkamp sind Beispiele aus der Vergangenheit für Spieler, die

ihre Spielposition verändert haben.
In den vorherigen Kapiteln erwähnte ich regelmäßig, dass es nicht schlimm ist, wenn Spieler in der Mannschaft auf verschiedenen Positionen ausgebildet werden. So werden technische Unzulänglichkeiten verbessert. Die Ausnahme der Regel ist der linke Mittelfeldspieler. Weil ich es mir nicht vorstellen kann, dass Typen wie van Hanegem, Mühren oder Rivelino auf anderen Positionen zurechtkommen. Solche Spieler lässt man von Anfang an sich auf ihrem Platz entwickeln.
Während der Ausbildung kann man den Halblinks durch die Intensivierung von Ballbehandlung und Tempo verbessern. Außerdem muss man sich als Jugendtrainer davon verabschieden, ihn auch beidfüßig zu machen. Ich hatte auch mal diese Illusion, aber es ist echt vergebene Mühe. Man sieht, dass er seinen linken Fuß immer besser und wirkungsvoller benutzen wird. Bis in einem gegebenem Moment die Rede vom berühmten goldenen Fuß ist, der mehr einer Hand als einem Fuß gleicht. Ein Instrument, von dem die Innenseite genauso gut benutzt wird wie die Außenseite. Im Grunde genommen laufen sie auf einem Bein, aber selbst das machen sie besser als andere, die auf zwei Beinen laufen.
Es ist wohl deutlich geworden, dass ich diesen Spielertyp mag. Weil sie in vielerlei Hinsicht besonders sind. Es fängt schon an mit dar typischen Art zu laufen. Achte Mal drauf, es sieht meist nach nichts aus, aber es bereitet deswegen während des Spiels keine Probleme. Das Schönste ist, dass ihre Art zu spielen auf der Liebe zum Fußball basiert. Deswegen sind es meist Spieler, die lange im Top-Fußball oben bleiben. Fußballer wie van Hanegem, Rivelino, Gerson, Mühren und Charlton waren schon älter als dreißig, als sie immer noch in der Nationalmannschaft spielten. Gerade weil sie gut Fußball spielen können und Ein- und Übersicht besitzen, spielen sie sehr effizient und sind lange oben dabei.
In dieser Hinsicht ist Gerrie Mühren das beste Beispiel. Ein extrem guter Fußballer, der seine phänomenale Technik in den Dienst der Mannschaft stellte. Es gibt nur wenige Fußballer, die das bringen können. Darum war es großartig, mit Gerrie in einer Mannschaft zu spielen. Alles klappte einfach. Das Pass-Spiel, das Positionsspiel, das Tempo und seine Mentalität. Gerrie Mühren ist deshalb einer der besten Spieler, mit denen ich zusammengespielt habe.
Leider gehört der linke Mittelfeldspieler, ebenso wie die Außen, zu einer

aussterbenden Spezies. Eine Entwicklung, der ich mich vehement widersetze, in der Hoffnung, rechtzeitig noch viele Menschen davon zu überzeugen, dass der klassische Halblinks ganz solide zum modernen Fußball gehört. Wodurch die Nummer 10 nicht eine Tour durch die ganze Mannschaft macht, sondern bei dem Spieler bleibt, der das größte Recht auf diese spezielle Rückennummer hat.

5 TIPPS

1 Eine gute Technik ist die Basis.
2 Man muss gut mit der Innen- und Außenseite des Fußes schießen können.
3 Man muss einen guten Schuss haben.
4 Sorge für ein gutes Laufvermögen.
5 Eine gute Übersicht ist eine Notwendigkeit.

21
DER RECHTE MITTELFELD-SPIELER

Er spielt im Schatten von anderen, doch scheint der Halbrechts innerhalb der Mannschaft der am meisten geschätzte Spieler zu sein. Weil gerade seine Mitspieler wissen, wie gut er eigentlich ist. Die Außenstehenden sehen das häufig nicht so, weil der Anteil des rechten Mittelfeldspielers zumeist ein bisschen undefinierbar ist. Es ist etwas, was man auf dem Platz am eigenen Leib spüren muss, um zu erkennen, was es eigentlich bedeutet.
Verglichen mit dem Halblinks agiert der rechte Mittelfeldspieler weniger bestimmend, aber ist auch wieder mehr allround. Während sein Kollege auf der linken Seite manchmal der etwas eigensinnige Individualist zu sein scheint, steckt hinter dem rechten Mittelfeldspieler eine stabile Persönlichkeit. Ein echter Teamspieler, der Elemente hinzufügt, die dem linken Mittelfeldspieler fehlen. So war die Kopfballtechnik von Henk Groot einzigartig und wurden sowohl die ausgleichenden als auch technischen Qualitäten von Wim Jansen überall gerühmt. Aber auch

Außerdem sind sie in taktischer Hinsicht auf viele Arten einsetzbar. Als ich früher noch in der Spitze spielte, neigte ich dazu, nach Links aus-

zuweichen. So zog ich immer ein paar Gegenspieler mit, wodurch auf Rechts eine Lücke entstand, die ein Halbrechts wie Johan Neeskens nutzen konnte. Dasselbe sieht man jetzt bei Barcelona, wo Messi die Neigung hat, nach Links auszuweichen, wodurch Raum für Xavi entsteht. Neeskens und Xavi haben so viele Tore erzielen können.
Wenn man rechte Mittelfeldspieler scoutet und sichtet, findet man meist Fußballer, die über viele verschiedene Qualitäten verfügen. Einen Spieler, der sowohl als mittlerer Mittefeldspieler wie auch an der rechten Seite spielen kann. Sie sind allesamt ausnahmslos stark im Positionsspiel, technisch gut geschult, immer beidfüßig und: Sie verfügen über eine gute Übersicht.
Das einzige, was ihnen im Vergleich zum linken Mittelfeldspieler fehlt, ist die individuelle Aktion. Man ertappt einen Halbrechts nicht oft dabei, wie er in einer Eins-gegen-Eins-Situation einen Gegenspieler aussteigen lässt.
Es geht also um einen sehr guten Fußballer, ohne herausragend zu sein. Ein Spieler, der sehr viele Qualitäten in sich vereint, ohne dass dort eine Nummer 10 darunter ist. Vielleicht gilt das zuletzt Genannte nur fürs Können im Zusammenhang mit dem Positionsspiel, aber so einen Aspekt übersehen die meisten Menschen, gerade weil für sie so undefinierbar ist. Achte mal darauf: Ein Halbrechts steht immer richtig und ist fast immer anspielbar. In meiner Zeit als Trainer bei Barcelona war Eusébio so ein Typ. Ein Spieler, der immer da stand, wo er stehen musste, ein bisschen ballverliebt, nicht wirklich schnell, aber immer unterwegs.
In der Jugend sieht man so einen Spieler häufig auf verschiedenen Positionen spielen. Je höher man schaut, desto mehr ist die Rede von Spezialisten, der seinen Stammplatz erzwingt. So sieht man Außenstürmer, denen für die absolute Spitze gerade etwas fehlt, zum Innenverteidiger werden, wo sie sich auf einem bestimmten Niveau behaupten können.
Der rechte Mittelfeldspieler sichtet sich selbst in dieser Phase, weil er gut verteidigen kann, aber nicht gut genug. Auch kann er gut angreifen, aber auch nicht herausragend gut. Gerade weil er sehr beständig ist, scheint die Halbrechtsposition genau die richtige Stelle zwischen dem oft eher launischen Rechtsaußen und dem explosiven rechten Innenverteidiger zu sein. Spieler, die der Halbrechts ein bisschen im Auge behalten kann und für die er auch bereit ist zu laufen und zu arbeiten.

Darüber hinaus wird die Wichtigkeit des rechten Mittelfeldspielers durch die Tatsache unterstrichen, dass er in vielen Fällen oftmals zweite Wahl auf anderen Positionen ist. Gerade weil er taktisch so gut ist, kann der Halbrechts auf vielen anderen Positionen eingesetzt werden.
Ein Coach kann so einen Spieler bei beinahe allen taktischen Varianten mit einbeziehen. Den Beweis haben Leute wie Jan Wouters und Wim Jansen geliefert, die während ihrer Karriere auf verschiedenen Positionen ihren Job gemacht haben. Sie waren zwar die Spezialisten auf der rechten Seite, aber in Notfällen konnten sie an jeder Stelle sowohl im Mittelfeld wie auch in der Verteidigung spielen.
Während der linke Mittelfeldmann als Spieler eher eine Ausnahme darstellt, der besonders auf seinen linken Fuß angewiesen ist, agiert der rechte Mittelfeldmann mehr allround. Das sieht man auch daran, dass er beidfüßig ist, so wie er sich auch auf anderen Positionen mehr zuhause fühlt. Während der Halblinks als einzigartiger Stilist seiner Mannschaft etwas Besonderes hinzufügt, hat der Halbrechts die besondere Gabe, dass er die Mannschaft im Gleichgewicht hält. Er ist der ausgleichende Faktor, auf den die anderen Spieler immer zählen können. Eine unverzichtbare Schaltstelle in der Mannschaft.

5 TIPPS

1 Du musst das Spiel lesen können.
2 Kümmere dich um eine gute Technik.
3 Du musst einen guten Pass spielen können, insbesondere einen guten Querpass.
4 Strahle Ruhe aus, damit du auch die Übersicht behältst.
5 Bemühe dich um Beidfüßigkeit.

22 DER OFFENSIVE MITTELFELDSPIELER

Nachdem er lange Zeit eine eher passive Rolle ausgefüllt zu haben schien, ist die Position des offensiven Mittelfeldspielers immer mehr in Bewegung geraten. Selbst so weit, dass er oft als eine der beiden Spitzen beschrieben worden ist, aber das ist wiederum ein Missverständnis. Darum spreche ich auch nie von einer zweiten Spitze, einer Schattenspitze oder hängenden Spitze, weil durch diese Bezeichnung die Aufgabe dieses Spielers aus dem Zusammenhang gerissen wird. Weil ich ihn mit allem Nachdruck offensiven Mittelfeldspieler nenne, unterstreiche ich, dass er zwar hinter den Spitzen spielt, aber dass es hier in erster Linie um einen Mittelfeldakteur geht.

Wenn er neben der Sturmspitze spielt, dann geraten die Zuordnungen in der Mannschaft in eine Schieflage. Ganz besonders dann, wenn hinten mit vier Verteidigern gespielt wird. In dieser taktischen Variante besteht der offensive Mittelfeldspieler also nicht. Nur bei drei Verteidigern kann er so spielen, wie das beabsichtigt ist. Dann operieren in der Achse der Mannschaft der freie Verteidiger, der Vorstopper/der der defensive Mittelfeldspieler, der offensive Mittelfeldspieler und der Mittelstürmer in der Verlängerung hintereinander.

Dadurch wird auch eine der wichtigsten Aufgaben des offensiven Mittelfeldspielers deutlich. Genau wie der freie Verteidiger ist er ein Spieler, der

die Mannschaft ins Gleichgewicht bringt, ein Spieler, der die Mannschaft im wahrsten Sinne des Wortes zusammen hält. Seine Aufgabe ist im Grunde genommen noch etwas komplizierter, da er faktische eine Ein-Mann-Linie bildet.
Vor allem dies macht deutlich, wie sehr allround der offensive Mittelfeldspieler sein muss. Er muss mit einem perfekten Gefühl für die Beziehungen auf dem Feld gesegnet sein, weil eine einzige Fehleinschätzung seinerseits eine der anderen drei Linien vor Probleme stellen kann.
Sowohl offensiv wie auch defensiv muss er über einen vollständigen Überblick verfügen. Spielt er zu weit vorn, dann haben unvermeidlich der defensive Mittelfeldspieler, der Halblinks und der Halbrechts große Probleme.
Der offensive Mittelfeldspieler muss deshalb eine große innere Ruhe besitzen, weil er seinen Offensivdrang oft im Interesse der Mannschaft im Griff haben muss.
Tatsächlich kann es also passieren, dass er durch den freien Verteidiger angespielt wird, während vor ihm ein sieben Meter freier Raum liegt. Logische Reaktion wäre dann, sich umzudrehen und geradlinig aufs gegnerische Tor zu stürmen. Das Problem ist bei Ballverlust nur, dass mit einem Male sechs Mitspieler (drei Angreifer und drei Verteidiger) ausgespielt sind und für die drei Gegenspieler eine ideale Lücke entsteht, um den Konter zu setzen.
Obwohl es sich um eine natürliche Reaktion handelt, um gradlinig Richtung Tor zu laufen, muss der offensive Mittelfeldspieler sich zurückhalten und meist so einen Pass abprallen lassen, um die Mannschaft zusammen zu halten. Er muss Geduld beweisen, weil er bei der Spielweise, die ich propagiere, absolut keinen Ballverlust verursachen darf.
Er bewacht sozusagen den Raum zwischen defensivem Mittelfeldspieler und Mittelstürmer und hat die Pflicht, nicht nur in der Nähe, sondern an der richtigen Stelle zu stehen. Meist eine Frage von einem Meter oder weniger, was zusätzlich aufzeigt, wie wichtig für ihn ist, das Positionsspiel umfassend zu beherrschen.
Dieser Mittelfeldspieler kann in zwei Typen unterschieden werden.

DER OFFENSIVE TYP

Dieser Typ Spieler (John Boskamp, Dennis Bergkamp) sollte vor allem Torgefährlichkeit besitzen. Sein Vorteil ist, dass er als Angreifer im Prinzip genauso gut ist wie ein Mittelstürmer, aber dass sein direkter Gegenspieler (der defensive Mittelfeldspieler) nicht so ein guter Abwehrspieler ist wie der Manndecker des Mittelstürmers. Wird das System gut gespielt, dann sieht man oft, dass der offensive Mittelfeldspieler auch der Top-Torschütze der Mannschaft ist. Wenn ein Mittelstürmer die Neigung hat, zum Ball zu gehen, sich dabei zurückfallen lässt und so auf eine Linie mit dem offensiven Mittelfeldspieler kommt, dann bekommt die Mannschaft gleich Probleme. Die Zuordnungen innerhalb des Teams stimmen dann nicht mehr.

DER DEFENSIVE TYP

Dieser Typ Spieler (Johan Neeskens, Aaron Winter) bildet den ersten Puffer hinter der Spitze und kann auch gut den Raum verteidigen. Ein bisschen einfach ausgedrückt: so ein Spieler rückt nach, schießt und verteidigt wiederum. Damit wird deutlich, dass die technischen Qualitäten eines offensiven Mittelfeldspielers sehr gut sein müssen. Wie ein englischer Mittelstürmer wird er häufig mit dem Rücken zum Tor angespielt, wobei er in neun von zehn Fällen den Ball abprallen lassen muss. Danach muss er sich umdrehen und die Position einnehmen, um zum Schuss kommen zu können. Er muss nicht nur eine große Übersicht besitzen, sondern auch eine sehr effiziente Technik.

Der Unterschied zwischen offensivem und defensivem Typ besteht im Nachrücken der Mannschaftsachse. Entscheidet man sich für die offensive Variante, dann wird auch der verteidigende Mittelfeldmann nachrücken müssen, wodurch der Raum zwischen den Linien eingeschränkt bleibt. Spielst du mit einem defensiven Typen, dann ist mehr Sicherheit eingebaut und ist vor allem der defensive Mittelfeldmann mehr nach hinten orientiert. Aber in beiden Fällen haben sie dieselben Aufgaben: für gute Zuordnungen in der Mannschaft sorgen, bei Ballbesitz zu Torschussmöglichkeiten kommen und bei Ballverlust zuerst den Gegner in der eigenen Hälfte unter Druck setzen.

Leider werden diese Grundregeln oft außer Acht gelassen. Fußball bedeutet im Prinzip die Vervollkommnung des Mittelfelds, doch weichen viele niederländische Mannschaften von diesem Prinzip ab. Die Innenverteidiger rücken nach vorn, die zentralen Verteidiger wiederum nicht und der zentrale Mittelfeldspieler lässt sich in die Abwehr zurück fallen. Darum bekommen viele Mannschaften Probleme, wenn der Gegner Druck macht und eine Unterzahl von mindestens zwei Spielern im Mittelfeld entsteht.
Dies wird noch dadurch verstärkt, weil sich der offensive Mittelfeldspieler zu weit nach hinten orientiert und sogar der fünfte Verteidiger ist. Während er doch der Spieler ist, der vorausdenken denken muss. Die Folge davon ist, dass der offensive Mittelfeldspieler in einem Spiel oft zwölf bis vierzehn Kilometer zurücklegen muss. Aber meiner Meinung stimmt etwas nicht, wenn die Leute, die das Spiel machen müssen auch das meiste laufen müssen.
Dies passiert, wenn die Zuordnungen auf dem Platz nicht mehr stimmen. Und ganz gewiss nicht im so wichtigen Mittelfeld. Normalerweise muss beim Umschalten von Ballverlust zu Ballbesitz der erste Pass immer tief sein, wonach der zweite Pass breit oder zurück gespielt werden kann. Aber weil im Mittelfeld ein Mann zu wenig steht, sieht man, dass die meisten niederländischen Fußballer fast immer den ersten Ball breit spielen. Während das doch ganz einfach den Regeln widerspricht.
Doch gibt es eine Ausnahme, die wiederum die Regel bestätigt und das ist Diego Maradona. Auf dem Papier gilt er als offensiver Mittelfeldspieler, aber tatsächlich erfüllt er nicht die Kriterien, die ich für diesen Typ Spieler genannt habe. Tatsächlich fungiert er im Zwei-Spitzen-System als Ein-Mann-Linie hinter dem Mittelstürmer, der als einziger Angreifer vorn positioniert ist. Eigentlich trifft der Ausdruck Zwei-Spitzen-System hier nicht zu, weil im Prinzip nur ein einziger Spieler vorn ist.
Den zusätzlich offensiven Teil fügt der offensive Mittelfeldspieler à la Maradona hinzu, der nicht nur allein hinter dem Mittelstürmer agiert, um so zur Wirkung zu kommen, selbst aber auch einen zusätzlichen Verteidiger zur Unterstützung im Rücken nötig hat.
Zum Schluss kann man folgern, dass der offensive Mittelfeldspieler eine sehr schwere, aber auch sehr schöne Aufgabe hat. Beim Sichten eines solchen Spielers sollte man zuerst auf einen Mittelfeldspieler mit

offensiven Qualitäten acht. Jemand, der sich überall zuhause fühlt, während des Spiels alles kann und darüber hinaus mit diesen Freiheiten umgehen kann.
Macht er das nicht, dann fehlt wieder ein Teil des Puzzles und fällt das gesamte Spielkonzept zusammen.

5 TIPPS

1 Man muss über einen ordentlichen Schuss verfügen und ein gutes Kopfballspiel können.
2 Kümmere dich um eine gute und effiziente Ballbehandlung.
3 Verständnis ist eine notwendige Bedingung, ganz besonders um das Positionsspiel gut umzusetzen.
4 Bemühe dich darum, innerhalb der Mannschaft ein Ruhepunkt zu sein.
5 Übe Druck hinter der vorderen Linie aus. Kümmere dich darum, dass du bei Ballbesitz in Schussposition kommst und setzet bei Ballverlust den Gegner wiederum unter Druck.

23
DIE AUSSENSTÜRMER

Es ist allgemein bekannt, dass ich von vielen Trainern nicht allzu viel halte. Ganz besonders wenig von denen, die im Laufe der Jahre den Reiz des Fußballs untergraben haben. Ein Sport, der Popularität gerade den unerschöpflichen Möglichkeiten dankt, die das Spiel bietet. Für mich gibt es nicht Schöneres, als ein junges Talent zaubern zu sehen. Das Lernen einer Finte, das Schießen mit Effet und die Reaktion nach einem Überraschungsangriff, der doch noch gut abläuft. Kurz gesagt, die Spontaneität im Fußball, die das Publikum sieht und anerkennt.
Doch ist dies immer mehr aus dem Fußball verschwunden. Es werden ganze Philosophien an die Wichtigkeit des Resultats geknüpft, und darüber ärgere ich mich. Vor allem deshalb, weil dies die Grundlagen des Fußballspiels berührt. Ein Verfallsprozess, der sich von unten nach oben langsam durchsetzt, wobei ich Angst davor habe, dass dies erst erkannt wird, wenn es zu spät ist.
Trotz allem Hohn und aller Kritik, die ich - gerade zu Beginn meiner Trainertätigkeit - geerntet habe, habe ich mich immer dieser Entwicklung widersetzt. Das äußerte und äußert sich durch die Wahl des Spielsystems. Ich weigerte mich konsequent, das 4-4-2-System anzuwenden. Es ist 4-3-3 oder 3-4-3, und davon bin ich niemals abgewichen.
Mit drei Stürmern zu spielen bedeutet immer, dass zwei Außenstürmer

aufgestellt sind. Für mich die Rosinen im Kuchen, das Beste am Fußball, weil es um echte Fußballer geht. Spieler mit einem schönen Täuschungsmanöver und einem guten Schuss. Oft auch Jungs, die zum Publikumsliebling werden. Es handelt sich meist um etwas eigensinnige Typen, die man ganz besonders schätzen und hegen muss. Auch muss man als Trainer gut auseinander halten, was sie können und was sie nicht können. Über eine einzige Qualität verfügen sie auf jeden Fall – und das ist, dass sie gut Fußball spielen können. Die beste Ausgangssituation, um mit so einem Spieler zu arbeiten, wobei der Akzent auf vier Aspekten liegt.
In erster Linie muss der Außenspieler gut dribbeln können. Eine Aktion, bei der Dribbeln und den Ball mitnehmen ineinander übergehen. Darüber hinaus ist eine gute Flanke eine Notwendigkeit. Daneben muss der Außenstürmer über eine große technische Kompetenz und eine ordentliche Übersicht verfügen.

Die Täuschbewegung benötigt er, um sich am Gegenspieler vorbeizuspielen, und eine gute Vorlage, weil ohne diese Fertigkeit die Finte eine sinnlose Angelegenheit ist. Er muss sich im Raum gut bewegen können, weil sein Aktionsradius beschränkt ist und die Seitenauslinie ihn an einer Seite blockiert. Er muss also in der Lage sein, einen überschaubaren Raum optimal nutzen können. Darüber hinaus muss er in der Lage sein, bei einem Angriff über die andere Flanke die Lage gut zu beurteilen. Er muss genau spüren, wenn in Richtung zweiten Pfosten geht oder wann er in der Nähe des Strafraumgebiets bleiben muss. Rückt er zu früh ein, dann ergibt sich eine sinnlose Situation. Kommt er zu spät, macht das auch wenig Sinn. Im Spiel scheinen das nur wenige Spieler zu beherrschen.
Ein Außenstürmer muss seine Fähigkeiten durch seine hocheffiziente Technik unter Beweis stellen. Schon wenn er den Ball annimmt, muss er die nächste Spielsituation schon vor Augen haben. Vor allem deswegen, weil er im Gegensatz zum Mittelstürmer oder Mittelfeldspieler, nicht alle Seiten zur Auswahl hat. Die Seitenauslinie sorgt dafür; also muss er sich voll und ganz auf die eine Seite konzentrieren, auf der er angreifen kann. Offensichtlich sind diese Möglichkeiten begrenzt, aber in der Praxis scheint es gar nicht so schlimm zu sein. Und zwar solange der Außen seine Situation erkennt und sich realisiert, dass seine Aktionen effektiv

durchgezogen werden müssen.
Der Außenstürmer kann zwischen zwei Varianten wählen, um sich an seinem Gegenspieler vorbei zu dribbeln. Die eine ist das echte Ausspielen des Innenverteidigers, bevor er zur Torauslinie zieht und flankt. Bei der zweiten Variante wird der Back nicht durch den Außenstürmer ausgespielt, sondern eigentlich durch den Ball. Das geschieht, indem der Ball in den freien Raum gespielt wird, um ihn so gerade eben außerhalb der Reichweite des Verteidigers zu halten. Die Flanke erfolgt dann sozusagen aus dem Rücken des Verteidigers. Also mit Effet, ansonsten trifft man den Verteidiger. Auch ziemlich hart, damit es nicht zu einem für den Stürmer schwer zu verarbeitenden Bogenball kommt.
Leider ist so eine hart gedrehte Flanke für 80 Prozent der Außenspieler eine nahezu unmögliche Aufgabe. Ganz besonders, wenn so eine Aktion durch einen Innenverteidiger oder vorgeschobenen Mittelfeldspieler erfolgt. Das kann man unmöglich mit Spezialisten wie John Rep, Sjaak Swart, Piet Keizer oder Coen Moulijn vergleichen. Spieler, die darüber hinaus manchmal beidfüßig waren (Swart) und für einen Verteidiger sehr schwer zu kontrollieren waren. Das war auch die Stärke von Marc Overmars. Der hatte durch seine Beidfüßigkeit die Möglichkeit, einen Verteidiger über dessen schwache Seite zu umspielen.
Ein Linksaußen ist in neun von zehn Fällen Linksfüßer. Darum ist es von entscheidender Bedeutung, dass man, wie ich gerade unterstrichen habe, die Aktion beherrscht, in der das Vorbeidribbeln und Ball mitnehmen fließend ineinander übergehen. Das bedeutet, dass der Rechtsback innen über sein linkes Bein ausgespielt wird, wodurch der Linksaußen hinter dem Verteidiger links zur Torauslinie dribbelt, um zu flanken.
Spieler wie Coen Moulijn oder Bryan Roy benötigten für so eine Aktion nur wenige Meter. Ganz einfach, aber so effektiv. Und was zeigt uns die Praxis? Durch die Jahre hinweg hat das Gros der Trainer eine Philosophie entwickelt, bei der von Außenspielern ein immer größerer Aktionsradius gefordert wurde. Ein Prozess, bei dem Typen wie Moulijn oder Roy gezwungen sind sich zurückzuziehen, weil sie zu viel verschieben müssen und ihre Aktionen zu weit vom Tor entfernt einsetzen müssen. Zum Beispiel Roy. Zuletzt konnte er nicht mehr vernünftig flanken, während derselbe Roy in seiner Jugend über eine großartige Schusstechnik verfügte. Außerhalb des Ajax-Stadions zeigten sich diese

Tendenzen in dieser Zeit. Trotz seiner starken Spielweise erhielt Roy kein einziges Mal eine Berufung zu einer Jugendnationalmannschaft. Während er bei Ajax mit Richard Witschge spielte, war in der Nationalmannschaft nur einer von den beiden nötig. Weil in Zeist beim niederländischen Fußballverband auf der Basis des 4-4-2-Systems gearbeitet wurde, wurde Roy nie berufen und bekam Witschge eine Doppelrolle als Linksaußen/linker Mittelfeldspieler aufgezwungen.

Ich habe mich damals schon enorm darüber geärgert, und ich kann es immer noch nicht begreifen, wie Trainer auf die Idee kommen, solche Top-Talente schon in jungen Jahren einem System zu opfern.

Es kann doch nicht sein, dass Innenverteidiger wichtiger werden als Spieler wie Stanley Matthews, Jair, Garrincha, Piet Keizer und Coen Moulijn. Das ist verkehrte Welt. Ich habe noch nie gesehen, wie aus einem guten Rechtsback ein guter Rechtsaußen wird, während das umgekehrt schon der Fall ist. Ohne den Innenverteidiger herabzuwürdigen, will ich damit unterstreichen, dass der Außenspieler in der Fußball-Hierarchie höher steht als der Back. Ich begreife nicht, warum so viele Trainer dies ignorieren.

Weiter sieht man heutzutage, dass Außenspieler die Seite wechseln – ein Linksfuß auf rechts und ein Rechtsfuß auf links. Das geht auch wieder auf Kosten einer bestimmten Qualität. Anstelle einer vom Tor wegdrehenden Flanke, dreht der Ball zum Tor. Für einen Mittelstürmer ist die erste ideal, weil die Flanke nicht nur vom Torwart wegdreht, sondernd der Ball dreht sozusagen zu ihm, sodass er härter und genauer einköpfen kann.

Das Problem für Außenspieler tut sich durch die veränderten Spielsysteme auf, wobei die meisten Mannschaften eine Defensive mit drei oder vier Spielern in eine Linie mit fünf Verteidigern geändert haben, bei der drei Akteure im Zentrum stehen. Konsequenz für den Außen ist, dass der Raum, in dem er agieren kann, kleiner geworden ist. Nur haben die meisten Trainer daraus den Schluss gezogen, die Rolle des Außenspielers zu verändern.

Vorneweg gesagt, von mir aus kann jeder eine abweichende Meinung zur Idee vom Fußball haben. Der eine ist schließlich vorsichtiger eingestellt als der andere. Aber man verstecke sich bitte schön nicht hinter der Geschichte, dass man mit Außen heutzutage so eine verstärkte Defensive nicht mehr ausspielen kann, denn dann hat man von Fußball keine Ahnung.

Den größten Erfolg, den ich als Coach mit Ajax und Barcelona hatte, war der Beweis dafür, dass das Spiel mit drei Spitzen große Erfolge liefern kann. Nur muss man dann wissen, worüber man spricht.
Es geht vor allem darum, welche Position der Außenspieler einnehmen soll. Gerade gegen eine besonders starke Defensive ist es ganz besonders wichtig, dass man den Außenspieler so tief wie möglich spielen lässt. Eigentlich so tief, dass er am Rande der Abseitsposition steht. Passiert das nicht und lässt man ihn beispielsweis auf Höhe der Mittellinie zurückfallen, dann sind bei Ballverlust meistens Außenspieler und Mittelfeldspieler hinter ihm ausgespielt. Also muss der Außen sich nicht zurückfallen lassen, sondern sich auf Höhe des freien Verteidigers positionieren. So wird der Innenverteidigerin in die Eins-gegen-Eins-Situation gezwungen, weil niemand mehr Rückendeckung geben kann.
Im Grunde genommen werden beim Positionsspiel des Außen zwei Faustregeln bestätigt. Bei Ballbesitz spielt er nicht nur so tief wie möglich, sondern auch so nah wie möglich an der Seitenauslinie. Dadurch bleibt das Spielfeld breit und es entsteht für den Rest der Mannschaft genug Raum, um das Spiel zu machen. Bei Ballverlust läuft der Außen nicht wie ein Verrückter von vorn nach hinten, sondern geradewegs nach innen. Dadurch wird das Spielfeld für den Gegner nicht nur kleiner, sondern er hat so einen viel bessere Sicht auf den Back und den zentralen Verteidiger. Anders formuliert: Bei Ballbesitz bewegt sich der Außenstürmer entlang des Spielfeldes, bei Ballverlust in der Spielfeldbreite.
Nun kann es aber auch passieren, dass die gegnerische Mannschaft mit einem Innenverteidiger spielt, der häufig tief geht. In diesem Fall kommt es darauf an, die Nerven zu behalten. Ich lasse so einen Back einfach laufen und versuche bei Ballverlust des Gegners so schnell wie möglich den vorn gebliebenen Außenstürmer anzuspielen. Wenn das ein paar Mal gut funktioniert, sieht man in neun von zehn Fällen dass der Trainer seinem Innenverteidiger auffordert, seine Angriffsambitionen zu unterlassen und sich nur auf den Außen zu konzentrieren.
So wie es sich gehört!
Leider zeigt die Praxis wiederum, dass das Gros der Trainer die reinen Qualitäten einiger Spieler nicht beachtet, und dabei wird schließlich auch der echte Außenspieler geopfert. Ich fordere deshalb alle Jugendtrainer auf, dies zu verändern. Man muss schon die Augen zumachen, um nicht

zu erkennen, dass die technischen Fertigkeiten bei den jüngsten Jahrgängen im Fußball auf dem Rückmarsch sind.
Es liegt auch in der Verantwortlichkeit des niederländischen Fußballverbandes, diese Entwicklung zu stoppen. Ja, ausgerechnet diese Instanz, die in der Vergangenheit (Roy/Witschge) diese Rückwärtsentwicklung in Gang gesetzt hat. Deshalb sollte von Zeist, vom Fußballverband, aus mit gutem Beispiel vorangegangen werden und die Technik in den Vordergrund rücken, die echte Schönheit des Fußballs. Denn je mehr man einen Fußballer laufen lässt, desto weniger kommt er zum Fußballspielen. Hört deswegen dann auch damit auf!

5 TIPPS

1 Du musst über einen ordentlichen Antritt verfügen.
2 Du musst beidfüßig sein.
3 Du musst dribbeln können.
4 Eine gute Flanke ist eine Bedingung.
5 Du musst im Positionsspiel gut sein und eine gute Übersicht besitzen.

24
DER MITTELSTÜRMER

Viele Leuten werden mit mir einer Meinung sein, dass der Mittelstürmer einer der attraktivsten Spieler der Mannschaft ist. Oft eine aparte Gestalt, der auf dem Feld spektakulär und fast immer Liebling der Fans ist. In erster Instanz, weil er oft Tore schießt und darüber hinaus, weil Spieler wie Pelé, Marco van Basten und Romário die Fantasie des echten Fußballliebhabers beflügeln.
Oft werden sie als absolute Individualisten bezeichnet und meistens stimmt das aber auch. Auch weil die Entwicklung im Fußball dies immer mehr fordert. Allein gegen eine Verteidigung mit vier oder Spieler ankämpfen macht jemanden nicht unbedingt zum sozialen Mitspieler.
Ich habe so eine individualistische Rolle nie akzeptiert. Nicht nur als ich selbst als Spieler in der Spitze stand, später als Trainer ebenfalls nicht.
Darum ist bei Barcelona bis zum heutigen Tag
der Mittelstürmer ein Teamspieler, der seine
Verantwortung gegenüber der Mannschaft hat. Vor allem deshalb, weil der Rest des Teams alles macht (machen muss), um das Leben des Mittelstürmers so angenehm wie möglich zu gestalten. Anders ausgedrückt, die anderen Feldspieler haben unter anderem die Aufgabe, es dem Mittelstürmer leicht zu machen.
Also halten die Außenspieler das Spielfeld breit, um ihm mehr Raum zu

geben, und rücken Mittelfeldspieler und Verteidiger nach, um die Aufmerksamkeit von ihm wegzunehmen, auf sich zu ziehen. Meist mit dem Ziel, den Mittelstürmer in eine Eins-gegen-Eins-Situation zu manövrieren. In solch einer Konstellation kann und muss er dann all seine Qualitäten benutzen: seine Übersicht, seine Technik, seine Schnelligkeit und seine Torqualität.

Die Geschichte hat gezeigt, dass sich vier Typen entwickelt haben. Zu allererst gibt es da den echten Rammbock, so wie wir ihn früher aus dem englischen Fußball kannten. Technisch nicht der beste, aber doch ein Torschütze. Ein Spieler, der den Ball buchstäblich ins Tor arbeitet: mit Kopf, Fuß oder Brust, egal. Der Zweck heiligt die Mittel.

Dann gibt es da den mitspielenden Mittelstürmer. Ein Typ, zu dem ich Pelé, Michael Laudrup oder mich zähle. Spieler, die viel vorbereiten und ab und zu zum Torerfolg kommen.

Die dritte Variante ist der altmodische Torjäger, der Angreifer, der auf Bälle wartet. Besonders Gerd Müller ist dafür ein gutes Beispiel.

Er spielte kaum mit, wurde kaum ins Spiel mit einbezogen, aber sobald sich irgendwo eine Chance bot, stand er parat.

Im Übrigen rechne ich Romário nicht zu dieser Kategorie. Ähnlich wie van Basten ist er dazu zu versiert. Ich bin deshalb geneigt ihn in die Rubrik mitspielender Mittelstürmer einzuordnen.

Der vierte Typ ist mehr ein Produkt dieser Tage. Der Spieler, der sich komplett in den Dienst der Mannschaft stellt und nicht anders herum. Jemand wie Dirk Kuyt. Als Ballschlepper, als Abwehrmann und der vor allem dafür sorgt, dass andere zum Torerfolg kommen. Dieser Typ Spieler wird immer öfter bei Mannschaften eingeplant und eingepasst. Spieler, die im Grunde genommen über große physische Qualitäten verfügen und viel Laufvermögen besitzen.

Trotz seiner Anstrengungen darf man von diesem Mittelfeldspieler nicht eine optimale Technik erwarten, darf man nicht erwarten, dass er mal einen Gegner aussteigen lässt und dass er torgefährlich ist.

Ich habe regelmäßig gesehen, dass technisch sehr begabte Spieler kaum mehr zum Torerfolg kommen, wenn sie in einem 4-4-2-Korsett gesteckt werden. Das ist alles andere als eine Überraschung. Ich habe es bereits mehrere Mal wiederholt: wer mehr laufen muss, kommt weniger zum Fußballspielen.

Als Mittelstürmer habe ich diese ganze Entwicklung mitgemacht. Am Anfang stand die Phase, in der ich unkompliziert in der Spitze tricksen und ganz einfach Fußball spielen konnte. Dann kam die Periode des taktischen Verschiebens, wodurch der Schwerpunkt mehr in der Abwehr lag. Spieler wie ich, die es gewohnt waren, mit Blick aufs Tor zu agieren, einen Angriff zu initiieren, mussten sich vieles ausdenken, um dies doch machen zu können.

Eins meiner Handicaps war, dass ich physisch nicht zu den Stärksten gehörte. Was Wim Kieft beispielsweise konnte – mit einem Gegner im Rücken, den Ball annehmen und abzuschirmen – das war für mich nicht machbar.

Gerade in dieser Zeit habe ich gelernt, wie man den Raum auf dem Platz nutzen musste und wie ich als Mittelstürmer vom disziplinierten Positionsspiel meiner Mitspieler profitieren konnte. Ich begann ein bisschen herumzustreunen, um so für andere Raum zu schaffen. Aber ich war auch auf der Suche, den idealen Moment für mich zu finden, um wiederum mit dem Tor vor Augen angespielt zu werden.

Bei Barcelona versuchten wir Michael Laudrup exakt so spielen zu lassen, und es ist schön zu sehen, dass dies heutzutage noch mit Lionel Messi gemacht wird. Also ein bisschen hier und da sein, ein bisschen mitspielen und, wenn die Situation es erforderte, den Angriff einzuleiten.

Viele behaupten, dass ich bei Barcelona manchmal ohne Außenstürmer spielte, aber das ist regelrechter Unsinn. Wir waren zwar immer auf der Suche nach Variationen, mit denen wir den Gegner überraschen konnten, aber an einer Sache wurde absolut nie gerüttelt und das war die Besetzung der Flanken.

Womit wir vorn schon mal jonglierten, das war die Position des Mittelstürmers. Traten wir zum Beispiel mit Michael Laudrup in der Spitze an, dann waren die Außen meist vorgeschobene Pfeiler. Ihre Positionen mussten schon besetzt bleiben, um so den „streunenden" Laudrup besser zur Wirkung kommen zu lassen.

Gegen eine starke defensiv eingestellte Mannschaft fungierte Bakero meist als Brecheisen, während Salinas die Chance bekam, um sich als echte tief stehende Spitze durchzuwühlen. War der Gegner reif, um komplett ausgespielt zu werden, dann war es ideal, wenn Bakero (offensiver Mittelfeldspieler) und Laudrup (Mittelstürmer) ständig die

Positionen wechselten.
Und wenn einige Abwehrspieler und Mittelfeldspieler auch ihren Top-Tag hatten, dann tauchten die Spieler von Barcelona in der oben dargestellten Situation reihenweise aus allen Ecken auf, um in die entstanden Lücken zu stoßen. Für mich war dies die schönste Art Fußball zu spielen, wenn der Mittelstürmer vollständig Teil der Mannschaft war.
Es ist schön zu sehen, dass der Verein dies in großen Linien noch immer praktiziert. Aber man kann nur so spielen, wenn das Spielfeld breit gehalten wird, und deshalb wird bei Barcelona bis zum heutigen Tag nicht an dieser klassischen Flankenbesetzung herumgedoktert.
Ich habe schon gesagt, dass der Mittelstürmer ein ganz besonderer Spieler ist. Oft auch der bedeutendste Fußballer in der Mannschaft. Um sich so einen Status zu erarbeiten, ist eine ganze Reihe von Qualitäten erforderlich. Sowohl in technischer wie auch in taktischer Hinsicht.
In erster Instanz muss ein Mittelstürmer über ein hohes Maß an Handlungsschnelligkeit verfügen, besonders im engen Raum. Insbesondere van Basten und Romário waren darin absolute Asse. Weiter muss ein Mittelstürmer im Positionsspiel herausragend sein; er muss wissen, wann er wo zu stehen hat. Bei Barcelona muss sein Spiel darauf abzielen, mit seinem Gesicht in Richtung Tor zu stehen, wenn er angespielt wird.
Spieler vom Typ van Basten und Romário zeigen, dass sie über die grundlegenden Qualitäten eines guten Mittelfeldspielers verfügen. Sie spielen gut Fußball, sind in der Lage, einen Gegner auszuspielen, sind schussstark, haben ein gutes Zuspiel drauf und haben ein Näschen fürs Tor. Auch sind sie nicht unbedingt als Malocher unter den Fußballern bekannt, also darf man es ihnen in dieser Hinsicht nicht allzu schwer machen. Darum muss man mit einer guten Besetzung der Außen nicht nur das Feld breit halten, sondern muss auch die Linien zusammen halten. Gerade deshalb weil Spieler wie van Basten und Romário auf engem Raum am besten zu ihrem Spiel kommen.
Das zeigt im Übrigen auch, wie einfach man große Individualisten als Mittelstürmer zu einem guten Teamspieler formen kann. Alles eine Frage von Geben und Nehmen. Praktiziert die übrige Mannschaft die Grundprinzipien des Spiels – Besetzen der Außenpositionen, wenig Platz zwischen den Linien, ein gutes Positionsspiel und eine hohe Ballgeschwindigkeit -, dann werden Spieler wie van Basten und Romário von

allein gezwungen, immer aufmerksam zu bleiben.
Wenn alles gut ineinander übergeht, sieht man es sie auch tun. Womit abermals deutlich wird, dass Fußball in erster Linie ein Mannschaftssport ist, bei dem der eine mit Hilfe des anderen integriert wird.

5 TIPPS

1 Eine gute Technik ist erforderlich, du musst beidfüßig sein und das Kopfballspiel können.
2 Du musst eine hohe Handlungsschnelligkeit besitzen.
3 Bemühe dich zielgerichtet zu spielen.
4 Du musst das Positionsspiel gut beherrschen.
5 Ohne den nötigen Torinstinkt bist du als Mittelstürmer nicht zu gebrauchen.

25
DER TRAINER UND DER COACH

Im Prinzip sind Trainer und Coach zwei verschiedene Typen. Der Trainer bringt dir Fußball bei und der Coach lehrt dich, Leistung zu zeigen. Dabei verstehe ich Trainieren nicht als Beruf, sondern als Handwerk. Das klingt differenzierter, was es in der Praxis auch ist.
Der Coach ist zuerst der Stratege, der sich um Leistung und Koordination kümmert. Jemand der dafür sorgt, dass die Unzulänglichkeiten des einen Spielers die Qualität des anderen ist, der neben ihm steht.
Aber es fängt an beim Jugendtrainer. Der Trainer, der dir das Fußballspielen beibringt. Jemand, der auf der untersten Stufe der Treppe steht, der aber eigentlich auf der höchsten Stufe stehen müsste.
Junge Leute begreifen nicht immer, was du sagst, aber machen nach, was du zeigst. Das ist ein Grund dafür, dass die Ausbildung früher so gut war. Es gab nicht die Trainer, die das gelernt hatten, sondern häufig Spieler aus der ersten Mannschaft, denen es Spaß machte, eine Jugendmannschaft zu trainieren. Ein ballverliebter Junge, der in der Lage ist, etwas vorzumachen. Der konnte wegen seiner technischen Fertigkeiten deine Technik verbessern. Das funktioniert besser als bei jemandem mit einem Diplom, weil so ein Typ geneigt ist, mehr Hilfestellungen zu geben als der Junge oder das Mädchen nötig hat. Und das obwohl es bei den Jüngsten primär um die Verbesserung der Technik geht. Das ist gerade in diesem Alter

unglaublich wichtig. Das ist so wie beim Fahrradfahren. Wenn das mit Sechs lernt, dann kannst du es auch noch mit 60.
Technik, die später wiederum die Basis ist fürs Positionsspiel, bei dem Technik und Übersicht zusammen kommen. Hier wird klar, dass für jede Phase der Ausbildung verschiedene Typen von Trainern nötig sind. Vom Spieler der ersten Mannschaft, der die Übungen vormachen kann, bis zum Trainer der ersten Mannschaft, die gewinnen muss.
Der letztgenannte ist, wenn er es gut macht, eigentlich der Coach. Jemand, der nicht nur mit seiner Mannschaft trainiert, sondern auch die Ausgewogenheit sicherstellt. Wenn also die Köpfe unten hängen, schaut er nach oben. Und der bei zu großer Euphorie der Mann der kritischen Bemerkung ist. Darum habe ich mich immer über Trainer geärgert, die härter trainierten, wenn es schlecht lief. Die haben es nicht begriffen. Ein Coach muss auch in der Lage sein einzuschätzen, wo das Problem bei einem liegt, der im Training perfekt spielt, im Spiel aber selbst stark gehemmt agiert. Jemand, der also unter dem Trainer funktioniert – aber nicht unter dem Coach.
Es gibt wenige, die in einer Person sowohl Trainer sind und auch Coach. Pep Guardiola, früher Barcelona, ist so jemand. Jemand mit enormen technischen Fertigkeiten, der in seiner Laufbahn die Mannschaft auf dem Spielfeld verantwortlich organisierte und genau diese Erfahrung in seiner Tätigkeit als Coach eingearbeitet hat.
Während meiner Karriere gab es drei Trainer, die mich als Fußballer geformt haben. Der erste war Jany van der Veen bei Ajax. Eine Kombination von einem Jugendtrainer und einem Coach. Jemand, der selbst auf hohem Niveau in der ersten Mannschaft gespielt hatte, aber auch jemand, der einen ganz besonderen Blick für die richtige Position eines bestimmten Spielers. Er beschloss, einen Barry Hulshoff von der Position des Mittelstürmers wegzuholen, der danach als Vorstopper in der niederländischen Nationalmannschaft spielte. So wie er auch von Wim Kieft einen Mittelstürmer machen sollte, der schließlich zum europäischen Top-Torjäger wurde. Van der Veen konnte sogar den Linksaußen Wim Suurbier zu einem der besten Rechtsbacks der Welt umformen.
Nach van der Veen kam Rinus Michels. Ein echter Coach. Der mir beibrachte, wie ich als Profi denken und leben musste.
Nach Michels war da Stefan Kovács. Der große Unterschied zwischen

den beiden war, dass Michels Verantwortlichkeit (über)nahm und Kovács Verantwortlichkeit gab. Bei beiden funktionierte das, bis in beiden Fällen die Grenze erreicht wurde.
Als der Augenblick kam, in dem Michels seine Spieler so weit geformt hatte, dass sie selbst Verantwortung übernehmen konnten und wollten, wurde es Zeit für einen Typ wie Kovács.
Der nach einigen Jahren auch ersetzt werden musste, nachdem die Spieler zu viel zu sagen hatten. Sie machten Dinge, für die sie nicht auf dem Spielfeld standen.
Diese ganzen Erfahrungen habe ich später als Coach verarbeitet. Genau wie van der Veen habe ich Spieler auf anderen als ihren angestammten Positionen besser werden lassen, genau wie Michels habe ich manches Mal die Verantwortung an mich gezogen, und genau wie bei Kovács habe ich bestimmten Spielern auch viel Verantwortung übertragen.
Wichtig war, dass ich aus Fehlern gelernt habe. Zum Beispiel Fehler im ersten Europacupfinale, das wir 1969 mit Ajax unter Michels gegen AC Mailand spielten. Wir waren die bessere Mannschaft, doch verloren wir 1:4. Zum ersten Mal stand eine niederländische Mannschaft im Finale, aber wir konnten nicht damit umgehen. Michels, der auch selbst sehr nervös war, konnte dadurch nicht die negative Energie aus der Mannschaft rausholen.
Als wir zwei Jahre später wieder im Finale standen, hatten sowohl Michels wie auch die Mannschaft
diese Hürde hinter sich gelassen, also gab es auch einen überzeugenden Sieg
Später hatte ich selbst diese Erfahrung im Hinterkopf, als die Mannschaft vor dem Finale Barcelona gegen Sampdoria extrem unter Druck stand. Ich habe versucht den Spielern deutlich zu machen, dass es eine absolute Todsünde wäre, sich so einen einzigartigen Tag zu vermasseln, negativ daranzugehen. Glücklicherweise fiel bei der Mannschaft der Groschen.
Daraus wird wiederum klar, wie wichtig eigene Erfahrung für einen Coach ist: und zwar nicht nur wie man selbst Situationen erlebt hat, sondern auch wie andere diese Momente geklärt haben. Darum ist es ein Vorteil, wenn ein Coach selbst auf hohem Niveau gespielt hat. Das ist keine Garantie, um als Coach erfolgreich zu sein, aber man steigt mit einem Vorsprung anderen gegenüber ein.

26
DER SCHIEDSRICHTER

Balancieren auf der Grenze zwischen Erziehen und Führung übernehmen – das ist für mich der Kern der Aufgabe des Schiedsrichters bei Jugendspielen, wobei der Schiedsrichter die enorme Verantwortung verinnerlicht haben muss, die er trägt.
Zusammen mit Trainer und Mannschaftsführer beeinflusst er die Charakterbildung und die Disziplin des jungen Fußballspielers, dem in großem Maße Moral und Anstand beigebracht werden muss, sowohl auf dem Spielfeld wie auch außerhalb davon. Wann spielt man den Ball und wann spielt man foul?
Es bedeutet Führung zu übernehmen auf Basis von Kommunikation, um drastische Maßnahmen zu vermeiden. Je jünger der Spieler ist, desto mehr muss der Schiedsrichter die Funktion des Erziehers übernehmen. Besonders in der Altersgruppe bis 10 ist das am wichtigsten und ist ein gutes Zusammenwirken von Schiedsrichter und Jugendleiter elementar. Dabei muss der Jugendleiter in Richtung des Schiedsrichters das gute Beispiel geben.
Seinerseits muss der Schiedsrichter aber genau in dieser Phase mit Fingerspitzengefühl in dieser Situation agieren. Also nicht unbedingt stur nach dem Reglement pfeifen, aber eben eine gute Balance zwischen Führung übernehmen und Erziehen.

Wenn ein Junge verkehrt einwirft, erkenne dann nicht den Regeln entsprechend den Einwurf der gegnerischen Mannschaft zu. Erkläre so einem Knirps erst mal, was er falsch gemacht hat und lass' ihn dann noch mal einwerfen. Man ist dann nicht parteiisch, sondern dabei, einem Spieler in seiner Entwicklung zu helfen. Wenn der Jugendleiter dies auch begreift und nicht zu meckern anfängt, dann machen es beide, Jugendleiter und Schiedsrichter, ziemlich gut.
Bis zur B-Jugend hat der Sport vor allem eine erzieherische Funktion. Danach muss die Haltung des Schiedsrichters angepasst werden, weil der Faktor Resultat zum ersten Mal in der Ausbildung der Jugendlichen wirksam wird. Außerdem bewegen sie sich in der Pubertät, in der sie häufig einen eigenen Weg einschlagen wollen und oft widerspenstig werden. In dieser Phase kann die Klasse des Schiedsrichters nicht hoch genug sein, weil er hier eine wesentliche Rolle in der Charakterbildung des Fußballers spielt. Er wird besonders ein guter Diplomat sein müssen, der seine erzieherische Funktion erfüllt, ohne dass dadurch das Spielergebnis beeinflusst wird.
Noch immer finde ich das Alter um die 15 sehr interessant. Vor allem weil sich hier im Hinblick auf Jugendleiter, Trainer und Schiedsrichter die Spreu vom Weizen trennt. Die Begleitung junger Fußballer ist dann am kompliziertesten, und dabei ist alles Taktgefühl der Führungskräfte erforderlich.
Es geht dabei um drei Punkte: Respekt vor dem Gegner, vor deinen Mitspielern und Respekt vor dem Schiedsrichter.
Womit keine Unterwürfigkeit gemeint ist, sondern ein hohes Gefühl für Moral. Wer das schafft, wird merken, dass er nicht nur als Fußballer gut ist, sondern auch außerhalb des Spielfeldes viel mehr wert ist. Deshalb kann ich die große Verantwortung der Schiedsrichter nicht genug betonen.
Danach kommt die Zeit, in der Fußballer und Schiedsrichter wie Männer miteinander umgehen müssen. Dabei können die Schiedsrichter in vier verschiedene Persönlichkeiten eingeteilt werden:
Der gelernte Schiedsrichter kennt alle Spielregeln perfekt auswendig, aber bringt kein Verständnis fürs Spiel auf. Sorgt oft für unnötige Irritationen.
Der autoritäre Schiedsrichter ist der Mann, bei dem der Altersunterschied

nicht überbrückt werden kann. Von Zusammenwirken ist kaum die Rede, und wer es wagt, ihm zu widersprechen, bekommt große Probleme.
Der fanatische Schiedsrichter. Die bekannte Geschichte vom Mann, der im täglichen Leben nicht viel zu melden hat. Das Spiel ist für ihn ein Ventil für seine Frustrationen. Also auf der Hut sein!
Der Liebhaber kennt keinen Stress, aber ist auch nicht lässig. Ein Mann, bei sich Spieler wohl fühlen, mit dem Spieler klar kommen. In meiner Zeit war Frans Derks so ein Typ. Jemand, der genau den Unterschied kannte zwischen Begleitung und einer emotionalen Reaktion. Wenn man den Unterschied gut zu machen weiß, dann ist man als Schiedsrichter nicht klein zu kriegen.
Selbst habe ich natürlich auch einen Ruf im Hinblick auf Schiedsrichter, der auf dieses eine Mal basiert, als ich in einem meiner ersten Länderspiele durch den ostdeutschen Schiri Rudi Glöckner des Feldes verwiesen wurde.
Das wurde später als eine Strafe interpretiert, mit der der freche Cruyff endlich mal zurecht gewiesen wurde. Ich bleibe dabei, dass Glöckner damals kein Gespür für das Spiel hatte. Ich fühlte mich für vogelfrei erklärt; das Schlimmste, was einem Fußballer passieren kann, weil man spürt, dass der Schiedsrichter überhaupt nicht kapiert, was der Gegner mit einem vorhat.
Von der ersten Minute an war mein tschechischer Gegenspieler darum bemüht, mich aus dem Spiel zu treten. Als das eine Stunde so ging, ohne dass Glöckner eingriff, bin ich zu ihm gelaufen. Dann stießen zwei Kulturen aufeinander. Ich, der Teenager, der in der Zeit der Flowerpower-Bewegung seine Meinung raus ließ, gegen einen Ostdeutschen, der zu Hause gezwungen war, seine Meinung für sich zu behalten. Obwohl er mich gar nicht verstehen konnte, ließ er sich es nicht gefallen, dass ich auf ihn zugelaufen kam, und stellte mich vom Platz.
Glöckner scheiterte in jeder Hinsicht. Ich fühlte mich deshalb immer wohler bei englischen Schiedsrichtern. Im Spiel war viel möglich und wer schauspielerte, wurde gleich zur Brust genommen. Außerdem hatten sie Fähigkeit, Fußballer zu schützen, weil sie immer im Sinne des Spielflusses pfiffen.
Inzwischen probiert man, das Niveau im Schiedsrichterwesen zu erhöhen, indem es weiter professionalisiert werden soll. Eine gute Sache,

von der ich mehr halte als von fortschrittlicher Technik, mit der wir den Schiedsrichtern während des Spiels noch mehr auf die Finger schauen können. Fußball ist und bleibt ein Spiel mit Fehlern, die nicht nur von Spielern und Trainern gemacht werden, sondern eben auch von Schiedsrichtern.

Ich würde aber die Sichtung verändern. Ich halte es für ein Problem, wenn Schiedsrichter nur durch Kollegen beurteilt werden. Also allesamt Leute aus den eigenen Kreisen, wodurch die Gefahr der Entfremdung von der Gesellschaft entsteht. Ich bin eher ein Anhänger von einer wöchentlichen Bewertung durch Spieler, Trainer, Publikum und Presse. Die Ergebnisse werden digital aufbereitet, wodurch man am Ende der Saison ein Klassement zusammenstellen kann.

Von den beispielsweise Top 20 lässt man die beiden am schlechtesten Bewerteten absteigen und füllt die Gruppe wieder mit den zwei Besten aus der darunter liegenden Kategorie auf.

Auf diese Weise zeigt sich der beste Schiedsrichter von selbst. Der Schiedsrichter , der im Sinne des Spielflusses, also im Sinne des Fußballs pfeift. Denn ungeachtet der Altersgruppe steht und fällt alles mit dem Gespür für die Situation.

27
DER SPIELERBERATER

Einmal war ich der erste niederländische Fußballer mit einem Spielerberater. Das war mein Schwiegervater und der hatte or allem das Beste mit mir vor. Das sollte auch der Inbegriff der Beziehung zwischen Spieler und seinem Manager sein. Das Interesse des Sportlers steht im Mittelpunkt.
Während ich damals älter als 20 war, sieht man heutzutage Kinder, die einen Spielerberater haben. Leider geschieht das zu oft auf eine Art und Weise, die mir nicht gefällt. Zu oft treffen junge Spieler Entscheidungen, die große Risiken mit sich bringen. Bei denen man sich fragt, wessen Interesse damit am meisten geholfen wird: dem des Spielers oder seines Managers.
Ein guter Spielerberater sorgt dafür, dass die Entwicklung eines Talents in jeder Hinsicht gefördert wird. Man hat es nämlich mit einem Jungen zu tun, der in einer irrealen Welt lebt. So ziemlich alles ist unnormal. Sein Gehalt, das Interesse an ihm, was auch immer.
In so einer Phase muss ein Spielerberater vor allem verhindern, dass ein Talent in tausend Fallen gleichzeitig läuft. Er sorgt nicht nur für eine gute Entwicklung des Fußballers, sondern auch des Menschen, der nach dem Fußball auch in seinem Leben weiter seinem Mann stehen muss.
Leider gibt es wenige Makler, die das begreifen. Deshalb sieht man

Spieler zu Vereinen wechseln, für die sie noch lange nicht reif sind.
Das habe ich in meiner Zeit bei Ajax und Barcelona immer zu verhindern versucht. Indem ich nachdrücklich umgesetzt habe, dass jemand erst gut ausgebildet sein muss, um eventuell später im Ausland stabil und fest auf eigenen Füßen stehen zu können. In der Hoffnung, dass nicht nur die jungen Spieler, sondern auch ihre Familien einsehen, dass der Verein ein Interesse daran hat, dass jemand so gut wie möglich zu einem internationalen Top-Klub transferiert wird. Das macht Sinn für den Verein und auch für den Spieler selbst.
Das ist eine total andere Herangehensweise als ein Spielerberater oder ein Maklerbüro, das bisweilen 20 oder 30 Spieler unter Vertrag hat. Wobei man sich am Ende fragt, wessen Interesse sie eigentlich dienen. Dem des Fußballers oder dem ihres Unternehmens.
Ich gehe sogar noch einen Schritt weiter. Wenn ein Makler wirklich mit dem Fußball vertraut ist, dann wird er nicht nur das Interesse des Spielers, sondern auch das Interesse des Vereins im Auge haben. Das heißt mitdenken darüber, was ein Klub sich leisten kann und was nicht. Auf lange Sicht nützt er damit letztendlich wieder dem Interesse seines Kunden, denn ein strukturell gesunder Verein ist auch gut für den Spieler. So wird Qualität garantiert und kann der Klub weiterhin erfolgreich bleiben.

28
AUSBILDEN FÜR DIE SPITZE

Ich hoffe, dass meine Botschaft angekommen ist, die da heißt: Fußball ist vor allem eine Frage des logischen Nachdenkens und des einfachen Ausführens ist. Leider verlieren wir das in den Niederlanden zu oft aus den Augen. Indem man es immer verwickelter und komplizierter macht, werden die Grundlagen vernachlässigt. Denn das Allerwichtigste für den Fußballer ist es, die einfachen Dinge zu beherrschen. Also das Passen, das Annehmen, das Ballstoppen mit der Brust, die Beidfüßigkeit und das Kopfballspiel. Kurz zusammengefasst: die Basistechniken. Alles Dinge, die für jeden trainierbar sind. Zum Beispiel das gute Abspielen eines einfachen Balles. Das ist eine Frage des Tuns und Wiederholens. Vielleicht enorm langweilig, aber man trainiert immerhin den allerwichtigsten Bestandteil des Fußballs. Dasselbe gilt für das Stoppen des Balls. Dies zu trainieren und beizubehalten ist auch langweilig, aber dadurch macht man sehr große Fortschritte.

Die grundlegenden Techniken muss man immer mit dem Positionsspiel kombinieren, wobei das sogenannte 6 gegen 4 die effizienteste Trainingsform ist. Beachte dafür den Platz zwischen den Außenrändern des Strafraums und des Torraums. In solch einem kleinen Feld und mit vier Spielern in der Mitte wird man wie von selbst gezwungen, jeden Ball schnell, gut und einfach abzuspielen. Und zwar so lange man sicherstellt,

dass von der ballbesitzenden Gruppe einer in der Mitte steht, ein Spieler an jeder kurzen Seite, zwei an der langen Seite und einer an der gegenüberliegenden langen Seite.
Darum habe ich ganz bewusst bei den Straßenfußballturnieren in Amsterdam und Volendam das 6 gegen 6 eingeführt, während es gleichzeitig auch die Grundlage bildet für die Straßenfußballwettbewerbe, die auf den CruyffCourts ausgetragen werden.
Und wie sieht es mit dem 4 gegen 4, 7 gegen 7 und 15 gegen 15 aus? – Solange es benutzt wird, um Leute, vor allem Kinder, zum Fußball spielen zu bringen, ist das prima. Wenn nur Fußball gespielt wird.
Aber wenn wir „ausbilden", dann funktionieren diese Spielformen nicht und gilt nur das 6 gegen 6. Weil die Jungen und Mädchen so an die Hausordnung im echten Fußball gewöhnt werden, ohne dass sie es merken.
Zunächst gibt es da einen Torwart und fünf Feldspieler, weshalb mit drei Linien spielen kann. Nur sind die Linien so dicht zusammen, dass man einen Ball gut abspielen muss, um den Mitspieler nicht in Schwierigkeiten zu bringen. Weiter gibt es keinen letzten Mann, weil jeder gezwungen ist, sowohl in defensiver wie auch offensiver Hinsicht Eins-gegen-Eins zu spielen.
Durch diese Konstellation sollte ein junger Fußballer automatisch lernen, wie er seinen Gegner im Auge behält und gleichzeitig einem seiner Kameraden Rückendeckung gibt. So ist er, ohne dass ihm etwas vorgeschrieben wird, mit dem Positionsspiel beschäftigt.
Das gilt gleichermaßen auch für den Torwart, der nicht nur den Ball stoppen muss, sondern auch absichern und das eine oder andere Mal mitspielen muss.
Man wird in einem engen Raum gezwungen, in einer Eins-gegen-Eins-Situation die einfachen Techniken anzuwenden. Wer hier den Ball ruhig hinten herum spielen will, kann das vergessen. Genauso wie jemand, der den Ball breit spielen will. So werden automatisch die Fehler vermieden, die zu viele niederländische Fußballer machen.
Inzwischen gelten wir weltweit als Fußballland, das finanziell nicht sehr stark ist, aber wegen unserer berühmten Ausbildung bei den großen Fußballnationen mithalten kann. Doch gibt es noch immer Vereine, die sich zu wenig klarmachen, dass unser Top-Fußball von der eigenen Ausbildung lebt.

Manches Mal sehe ich Mannschaften mit sieben bis acht Ausländern spielen. Weil wir nicht in der Lage sind, Ausländer der ersten Wahl zu kaufen, reden wir meist von der zweiten Wahl. Also kann man doch daraus den Schluss ziehen, dass wir offensichtlich nicht mal mehr selbst in der Lage sind, um zweitklassige Spieler auszubilden. Schon seltsam, wenn ein Cheftrainer keine Vertrauen mehr in die eigene Ausbildung hat, weil es nicht gelingt, Fußballer aus der zweiten Mannschaft in die erste aufsteigen zu lassen.
Ich beobachte die Ehrendivision aufmerksam und wenn ich ganz ehrlich bin, kann man die Hälfte der Ausländer ersetzen. Damit will ich nicht zum Ausdruck bringen, dass ich gegen ausländische Spieler bin, denn ich habe ja selbst mal den Schritt nach Spanien gemacht. Allerdings wurde ich als zusätzliches Plus für Barcelona verpflichtet, so wie das auch für Ajax, PSV und Feyenoord gilt, wenn sie einen Ausländer verpflichten. Aber so läuft das heutzutage nicht mehr. Wegen der mangelhaften Ausbildung und der Flut der Ausländer haben wir fußballerisch enorme Probleme. Unsere frühere Stärke, das Positionsspiel, ist inzwischen schwach bis sehr schwach. Und wenn das Positionsspiel schwach ist, dann steht man taktisch ebenfalls sehr schwach da.
Viel ist auf die Ausbildung von klassischen Außen zurückzuführen. Ajax, Feyenoord und PSV hatten auf den Flanken immer legendarische Nationalspieler, die meisten selbst ausgebildet. Aber nun findet das nicht mehr statt.
Weil viele niederländische Klubs das System mit einer hängenden Spitze und einem Schlüsselspieler bevorzugen, wird der Außenspieler auch noch in eine komplett andere Rolle gesteckt. Das ist eine Kopie des englischen Systems, von dem wir immer gesagt haben, dass die Engländer taktisch davon keine Ahnung hätten.
Dadurch sieht man auch, dass die Außenstürmer fast immer von den Innenverteidigern angespielt werden, während dies doch aber durch die Mittelfeldakteure geschehen müsste. Das wiederum ist die Folge davon, dass unsere Hausordnung nicht beachtet wird, die vorgibt mit drei Mittelfeldspielern zu agieren. So wie es auch die Regel war, bei Ballbesitz das Feld groß zu machen, bei Ballverlust klein. Nun stellt man bei Ballverlust fest, dass die Hintermannschaft sofort beginnt nach hinten zu laufen, das Spielfeld also größer wird. Genau das Gegenteil von dem, wie es sein sollte.

Auch das ist zurückzuführen auf die Ausbildung. Und damit bin ich wieder bei den Außen, weil durch die Ausbildung von solchen Fußballern gleich zweierlei positive Effekte entstehen. Die besten zwei setzt man nach vorn auf links und rechts, die schwächeren Außenspieler werden zu Innenverteidigern umfunktioniert. So hatte man hinten gleich zwei Spieler, die es schon immer gelernt haben, wie man nach vorn spielt. Ist es so schwer nachzuvollziehen, dass wir qua Positionsspiel und Taktik so weit zurückgefallen sind, wenn die Grundidee unseres Fußballs so ignoriert wird?
Darum würde ich einen Teil der Fernseh-Gelder in bessere Jugendtrainer investieren. Trainer, die unglaublich wichtig sind, nur sehen viele Vereine das nicht so. Die halten den Cheftrainer für die Nummer eins, dann kommt sein Assistent und schließlich werden die Jugendtrainer als die unbedeutendsten angesehen. Ein riesiger Denkfehler, der den niederländischen Fußball schon viel Geld gekostet hat.
Darum muss es bald ein Gentlemen's Agreement geben, das sicherstellt, dass mindestens sechs niederländische Spieler in der Startelf stehen. Dadurch verpflichtet man die Vereine, ihre Ausbildung zu verstärken, und spart man auf die Dauer viel Geld. Auf diese Art kann man auch das Ausland beeindrucken.
Die Niederlande hätten hier einen enormen Vorsprung haben können. Aber auch in unserem Land halten viel Klubs Kaufen für wichtiger als Ausbilden. Die Frage ist nun, wie die Ausbildung durchgeführt werden soll.
Das scheint bei vielen Klubs gut zu sein, ist es aber nicht. Das Problem liegt vor allem in der Art des Trainings. Der Verein gibt eine bestimmte Vision vor und in diesem Geist werden die Mannschaften ausgebildet. Aber nicht der einzelne.
Diesbezüglich wird zu viel im Hinblick auf die Gruppe gearbeitet und zu wenig über persönliches Training gesprochen, während doch durch den Wegfall des Straßenfußballs so ein Junge etwa zehn Stunden pro Woche weniger mit den Grundregeln des Fußballs zu tun hat. Das wird bei den Vereinen zu wenig ausgeglichen, weil zu viel mit der Gruppe aus Sicht der Vereinsphilosophie gearbeitet wird. Deswegen sind die grundlegenden Techniken bei vielen Fußballern eher mäßig ausgebildet.
Dadurch bekommen viele Spieler Probleme, sobald das „System" keine

Orientierungshilfe bietet und sie auf sich selbst angewiesen sind. Das kann man nicht nur bei den ersten Mannschaften sehen, sondern auch bei den Jugendmannschaften. Da ist es nur deshalb nicht so offensichtlich, weil in einem geringeren Tempo gespielt wird. Das ist im Top-Fußball wiederum eine ganz andere Geschichte. Mit allen damit verbundenen Konsequenzen. Sobald der Gegner den Schwachpunkt erkennt, wissen viele Spieler nicht damit umzugehen. Und man sieht mit großem Erstaunen, wie Profi-Fußballer mir nichts dir nichts den Spielfluss verlieren. Also geht es nicht nur darum, die Mannschaften im Geiste des Vereins auszubilden, sondern auch die Spieler selbst besser zu machen.

Bei Ajax sind wir jetzt dabei, das individuelle Training von jungen Spielern zu intensivieren. Dies passiert sowohl auf technischem, taktischem, physischem als auch auf mentalem Gebiet. Vor allem in mentaler Hinsicht läuft noch vieles schief.

Ich hatte dafür als Coach eine einfache Lösung. Wenn ich so einen Youngster in der ersten Mannschaft zum ersten Mal spielen ließ, dann durfte er mitmachen. Wenn er dann eine Woche später wieder in der zweiten Mannschaft aufgestellt war, musste er dort der Beste sein. Falls nicht, dann gab es für ihn keinen Grund, über diesen Wechsel enttäuscht zu sein. Denn das war genau die Folge in dem Fall, in dem er in der zweiten Elf nichts Bedeutendes hinzufügte. Er hatte dann zwar ein paar Tage zuvor in der ersten mitgespielt, wurde aber doch wieder ausgewechselt.

Dieses System wandte ich von der C-Jugend bis zur ersten Mannschaft an, um so die Talente spüren zu lassen, wann sie etwas Zusätzliches bringen mussten und wann nicht. Das reicht weit über Technik und Taktik hinaus, und auch daran muss in der Ausbildung gefeilt werden. Dieses Bewusstsein muss bei Ajax, aber auch bei vielen anderen Vereinen gestärkt werden. Wieso sieht man bei den ersten Mannschaften so viele Spezialisten? Ein Lauftrainer, ein Torwarttrainer, Spezial-Coaches und viele mehr. Das sollte in der Ausbildung auch so sein.

So war ich als Coach vor allem damit beschäftigt zu sehen. Immer danach zu sehen, wann ein bestimmter Prozess von einem endete, und für den anderen beginnen sollte. Um das dann wieder für die Mannschaft zu übersetzen. Immer wieder daran tüfteln, wie man jemanden besser machen konnte. Ob nun per Fuß oder im Kopf.

Inzwischen gibt es einige ungeschriebene Gesetze im Profi-Fußball. Eins davon ist, dass alle großen Vereine Geschichte geschrieben haben mit selbst ausgebildeten Fußballern. Fußballern aus der Umgebung, die später mit einigen guten Einkäufen ergänzt wurden. Das galt für Manchester United in der 1960er-Jahren, Ajax und Bayern in den 1970er-Jahren, AC Mailand in den 1980er-Jahren und danach für Barcelona.

All diese Mannschaften sind in diesen Perioden berühmt geworden. Bei all diesen Klubs gab es auch Trainer und Manager, die schon viele Jahre im Verein gearbeitet haben. Sei es nun ein Matt Busby, Rinus Michels oder Arrigo Sacchi – alle erhielten sie die Möglichkeit, nicht nur für die Gegenwart, sondern auch an der Zukunft zu arbeiten.

Darum habe ich sehr viel Respekt für einen Verein wie Arsenal, der schon mehr als 15 Jahre denselben Manager hat. Ich finde es unglaublich schön, dass unter seiner Führung der Klub jahrelang an der Spitze geblieben ist, ohne auch nur ein einziges Mal rote Zahlen zu schreiben. Arsène Wenger war in der Lage, sich mit Arsenal zu identifizieren. Während um ihn herum in der Premier League gigantische Schulden aufgebaut wurden, intensivierte er die Jugendfußballausbildung und unternahm keine verrückten Sachen auf dem Transfermarkt.

Die Arbeit von Wenger bei Arsenal ist auch für einen Verein wie Ajax ein gutes Vorbild. Sich nicht verrückt machen lassen vom Rest, sondern das machen, in dem man gut ist. Also ausbilden, effizient scouten und klug Kaufen und Verkaufen. Dann passiert es vielleicht einmal, dass man einen Rückschlag verarbeiten muss, aber letztendlich kommt man mit dieser Formel immer wieder nach oben. Ich kann mir deshalb nicht vorstellen, dass bei weniger guten Ergebnissen die Position von Wenger zur Disposition steht. Weil er den Verein so organisiert hat, dass das Problem immer wieder gelöst wird.

Dahin muss Ajax auch kommen, sich eben als großer Ausbilder von Europa zu profilieren. Weil eine Beschränkung nicht gleichzusetzen ist mit einem Defizit. Man stelle eine Top-Ausbildung sicher, mit der Spieler zwischen ihrem 24. und 32. Lebensjahr bei großen Klubs erfolgreich sein können. Wenn das gut gemacht wird, wird der Name Ajax immer in ihrem Herzen sein und werden sie bereit sein, später wieder etwas zurückzugeben. Wie Frank Rijkaard und ich das mal gemacht

haben. Zwar neigten sich unsere Karrieren dem Ende zu, und doch haben Frank und ich dies als einen Höhepunkt unserer Laufbahn erfahren. Als Routiniers sorgten wir mit den neuen Talenten für eine Balance in der Mannschaft. Womit der Kreis wieder geschlossen war.
Das ist auch mein Leitbild. Bis zum 20. Lebensjahr wird man ausgebildet, um die dreißig kehrt man als Routinier zurück und um die vierzig bereichert man die Vereinsorganisation mit seinem Know-how.
Der Name Ajax ist immer direkt mit dem Erfolg der Spieler verbunden gewesen. Wer wo auch immer in der Welt über Ajax spricht, spricht über Spieler. Große Spieler. Aber auch nahezu alle anderen Spieler, die bis zu ihrem 22. Lebensjahr bei Ajax ausgebildet worden sind und danach außerhalb von Amsterdam reichlich belohnt wurden.
Das muss noch mehr die Ausstrahlung von Ajax werden, und diese Aufgabe muss jeder annehmen.

29
FUSSBALL AN DER SPITZE

Ich bin zwar Fußballer und Coach gewesen, aber über alles bin ich ein großer Liebhaber eines tollen Sport. Kritik am Top-Fußball ist beim mir darum oft diktiert von Sorge darüber, wie mit diesem Sport und einigen Talenten umgegangen wird.
So ist allgemein bekannt, dass ich ein Anhänger des Angriffsfußballs bin. Aber um angreifen zu können, muss man nach vorn verteidigen können, und um nach vorn verteidigen zu können, muss man
Pressing spielen können.
Um dies für jeden so einfach wie möglich zu
machen, muss man so viele Linien wie möglich schaffen. Und zwar so, dass wenn jemand Ballbesitz hat immer einer nahe vor ihm und neben ihm steht. Der Raum zwischen dem Spieler mit Ball und den beiden Mitspielern darf nie mehr als zehn Meter betragen. Passiert das nicht und ist der Raum größer als zehn Meter, dann vergrößert sich das Risiko, den Ball zu verlieren.
Dabei gehe ich bewusst von fünf Linien aus, exklusiv dem Torwart: die hinteren vier, ein zentraler Mittelfeldspieler mit Orientierung nach hinten, zwei äußere Mittelfeldspieler, eine Spitze mit Orientierung nach hinten oder eine Spitze mit Orientierung nach vorn und zwei Angreifer auf Außen.

Mit diesem Ausgangspunkt kann man viele Varianten anwenden. Die von mir favorisierte Variante habe ich bereits besprochen und ist auch die Basis für dieses Buch: vier Verteidiger, drei Mittelfeldspielerund drei Angreifer.

Nur: Als ich in den 1980er-Jahren Trainer bei Ajax war, spielten fast alle unsere Gegner im 4-4-2-System mit zwei Spitzen. Um einen zusätzlichen taktischen Vorteil zu erlangen, beschlossen wir drei Verteidiger aufzustellen. So veränderte unser System von 4-3-3 in ein 3-4-3, wodurch das Mittelfeld eine Raute bildete.
Dadurch spielten wir eigentlich kein 3-4-3, sondern ein 3-1-2-1-3. Auf diese Weise entstanden zwei zusätzliche Linien, wodurch das Positionsspiel besser funktionierte.
Die „Nummer 10" war der Spieler hinter den drei Angreifern. Bei Ajax entschied ich mich für John Bosman und später bei Barcelona für Bakero. Spielertypen, die ihre Stärken nicht im Ausspielen des Gegners hatten, dafür aber den Ball gut zurücklegten und das Kopfballspiel beherrschten. Ausgangspunkt der taktischen Anpassung bildete die intakte Struktur des Mittelfeldes. Indem nur ein Abwehrspieler nachrückte, war dieses Problem gelöst. In den vergangenen Jahren haben die Gegner diesen Trick durchschaut und kamen wieder mit drei Angreifern. Oftmals eine Spitze und zwei zurückhängende Spieler, wodurch man gezwungen wurde, wieder vier Abwehrspieler aufzustellen. Und dann doch eine „10" aufzustellen ist riskant.
Um hier zur richtigen Balance zu kommen, muss der zentrale Mittelfeldspieler nicht nach vorn, sondern nach hinten orientiert agieren. Also ein Sechser statt eines Zehners.
Mit einer Zehn spielt man dann 4-2-1-3 und bei einer Sechs wird es zum 4-1-2-3.
Und wenn man sich doch für die Zehn entscheidet, macht man sich selbst Probleme, sobald der Gegner vorn Druck aufbaut. Dann bewegen sich meist zwei Mittelfeldspieler hinter dem Ball, die auch noch ein Feld von 60 Metern Breite bespielen müssen. Das ist nicht machbar.
Also beobachtet man häufig, dass der Außenstürmer sich fallen lassen muss. Wenn der dann auch noch Platz machen muss für den nach vorn drängenden Innenverteidiger, dann ist er damit beschäftigt, die ganze

Außenseite abzudecken. Der kommt so kaum noch zu einer Angriffsaktion. Und so wird das Angriffspotenzial geschwächt.
Auf diese Art und Wise kann ich noch zehn Details aufzählen, warum es in einem 4-3-3-System mit einer Nummer 10 nicht funktioniert. Man wird nicht stärker, schwächer. Sowohl offensiv wie auch defensiv.
Weil ich gesehen habe, dass viele niederländische Mannschaften mit dem richtigen Agieren auf den Positionen 10 und 6 ihre Probleme haben, werde ich darauf noch ausführlicher eingehen.
Wenn man sich die Verhältnisse auf dem Platz ansieht, dann gehört zum offensiven Spielstil der Raum zwischen dem halben Mittelkreis in der eigenen Hälfte bis zum Strafraum des Gegners. Also ein Raum der 45 Meter lang und 60 Meter breit ist. Pro Linie sprechen wir dann von einer Länge von etwa neun Metern.
Warum sind diese Abstände so wichtig? – Und zwar genau deswegen, weil die Positionen dann einfacher und effektiver voneinander übernommen werden können. Und es stehen schließlich immer genug Spieler hinter dem Ball
Hier zeigt sich die erste falsche Einschätzung vieler Teams. Zu oft muss der zentrale Verteidiger nicht von seiner Position aus nach hinten agieren, sondern nach vorn. Also auf die Zehner-Position, anstatt auf der Sechs. Dadurch kommt er viel zu oft als zweite Spitze in die Nähe der vorderen Spitze. Wenn dann einer der beiden anderen Mittelfeldspieler nach innen zieht, um die entstandene Lücke zu schließen, dann hat der fragliche Back nicht zehn Meter, sondern 20 bis 30 Meter zu verteidigen. Damit fallen die Kontrolle und auch die Orientierung der Spieler untereinander weg.
Wenn man den Mittelfeldmann von seiner Position sich nach hinten orientieren lässt, gibt es bei Ballverlust immer einen Puffer. Im Hinblick auf die niederländische Nationalmannschaft kann so jemand wie Wesley Sneijder (der über eine gute Übersicht und einen guten Querpass verfügt) diese Position ausfüllen. Auf rechts könnte ein Treiber wie Nigel de Jong stehen und auf Links Rafael van der Vaart, weil diese Position einen schlitzäugigen Spieler verlangt, der genau im richtigen Augenblick einen Angriff starten kann. Diese Position, von der das passieren muss, darf nie weiter als zehn Meter vom Linksback entfernt sein.
Eine andere Möglichkeit ist es, Sneijder durch einen Spielertyp wie Mark

van Bommel zu ersetzen. In diesem Fall könnte Sneijder rechts spielen. Mit van der Vaart auf links hat man ein Mittelfeld, bei dem wenig verkehrt ist.
Vorn ist also Raum für einen Mittelstürmer und zwei Außenstürmer. Eine tiefe oder hängende Spitze verändert am Festhalten der fünf Linien wenig. Marco van Basten war beispielsweise eine tief stehende Spitze, ich eine hängende. Aber in beiden Fällen funktionierte es auch in der niederländischen Nationalmannschaft. In dieser Hinsicht kann man auch auf höchstem Niveau in alle Richtungen agieren.
Um offensiv zu spielen, muss man nach vorn verteidigen und Pressing spielen. Ist man im Ballbesitz, müssen die Linien so dicht beieinander sein, dass eine individuelle Aktion eines Angreifers nie Probleme verursacht, weil es immer eine Rückendeckung von sechs bis sieben Spielern gibt. Zudem ist bei dieser Spielweise der Pass in die Breite fehl am Platz, und wir sind dann bei dieser Spielweise endlich die scheinbare Überlegenheit los, die viele niederländische Mannschaften zu haben glauben. Sind die fünf Linien gut positioniert und macht jeder das, was er tun muss, dann entstehen von selbst die Dreiecke, die so wichtig fürs Positionsspiel sind. Also ein Spieler konzentriert sich auf den Pass, einer aufs Annehmen des Balles und einer läuft sich abermals frei, um angespielt werden zu können.
Kurzum, es wird manchmal so unglaublich kompliziert über den Fußball gesprochen, aber wenn wir es bloß einfach halten, dann funktioniert es am besten.
Jetzt gehe ich einen Schritt weiter, wobei ich – wie bereits erwähnt – von fünf Linien ausgehe, ohne Torwart: die hinteren vier, ein zentraler Mittelfeldspieler mit Orientierung nach hinten, zwei äußere Mittelfeldspieler, eine Spitze mit Orientierung nach hinten oder eine Spitze mit Orientierung nach vorn und zwei Angreifer auf Außen. Sobald jemand in dieser Aufstellung in Ballbesitz kommt, steht immer jemand dicht vor ihm und dicht neben ihm. Zudem ist der Abstand untereinander nie größer als zehn Meter.
Essenziell für das Inszenieren eines Angriffs ist, dass jeder begreift: Es geht los, sobald der Keeper den Ball hat. Er ist der erste Angreifer. Weil in solch einer Situation die Abwehr schneller reagiert als der Angriff, ist es meist einer der Innenverteidiger, der nach vorn rückt und sich freiläuft.

Indem der Ball zu ihm geworfen oder gepasst wird, entsteht das erste Zusammenspiel. Sobald das geschieht, muss der Außen in die Tiefe starten, um so eine Lücke zu schaffen, in die der Verteidiger stoßen kann. Inzwischen ist die erste Linie des Gegners ausgespielt (die Angreifer) und der Angriff im Gange. Dabei muss der Gegner Entscheidungen treffen, um die herankommenden Backs zu stoppen, und die Kunst der angreifenden Mannschaft besteht nun genau darin, dies zu antizipieren. Ich gebe hier nur zwei Beispiele, aber man kann sich zahlreiche weitere Varianten ausdenken, wenn die Linien untereinander nahe genug stehen.
Die erste Möglichkeit ist: der Mittelstürmer weicht nach rechts aus. Von den beiden zentralen Verteidigern muss mindestens einer mit, und einer muss nachrücken, um die durch den Linksback geschaffene Überzahl zu beheben. In diesem Augenblick sind sowohl Mittelstürmer wie auch Linksaußen in eine Eins-gegen-Eins-Situation manövriert worden.
Die Möglichkeit für den Linksback besteht darin, den Ball aus einer Entfernung von maximal 20 Metern scharf in die Füße des Mittelstürmers zu spielen, der dann den Ball auf den hereinlaufenden rechten Mittelfeldspieler abprallen lässt. Wenn der rechtzeitig losgelaufen ist, dann hat er einen Vorsprung auf seinen Gegenspieler, und es entstehen diverse Eins-gegen-Eins-Situationen auf der rechten Spielfeldhälfte.
Die Absicht all dieser Varianten besteht darin, den Gegner zu überraschen und Verwirrung zu stiften. Beispielsweise im ersten Fall. Wenn der linke Innenverteidiger über einen seiner Mittelfeldspieler den Linksaußen zum Ballbesitz verholfen hat und der seinen Gegenspieler auszuspielen weiß, dann ist vor dem Tor auf einmal alles möglich. Sobald eine Vorlage kommt, läuft der Mittelstürmer von der rechten Seite zum ersten Pfosten und es entsteht hinter ihm wieder eine riesige Lücke für den hereinlaufenden Halbrechts. Auf diese Art und Weise sind bereits Johan Neeskens (Ajax und die niederländische Nationalmannschaft) und André Hoekstra (Feyenoord) zu vielen Torerfolgen gekommen.
Darüber hinaus sind bei so einem Angriff drei Viertel der Mannschaft hinter dem Ball und steht jeder so mit dem Blick aufs gegnerische Tor. Damit ist automatisch das Risiko eines Konters gleich null, stimmt die Feldbesetzung bei einem abprallenden Ball und kann weiter vorn verteidigt werden.
Wobei es ein absolutes Muss ist, dass wenn der Linksback den Angriff

einleitet, Torwart und der Rest der Hintermannschaft wieder damit beschäftigt sind, sich richtig zu positionieren. Während der Angriff noch läuft, stehen sowohl Abwehr wie auch Mittelfeld bereit, um bei Ballverlust angemessen handeln zu können.
Zudem ist der Mittelstürmer nun der erste Verteidiger, während kurz zuvor sein Torwart noch der erste Angreifer war. Erneut der Beweis, dass man als Einzelner und als Team in defensiver und offensiver Hinsicht immer einen Schritt weiterdenken muss.
Es ist eine Art zu spielen, die ziemlich einfach zu trainieren ist, deshalb bin ich jedes Mal erstaunt darüber, dass so wenige Mannschaften in der Lage sind, so das Spiel aufzubauen. Inzwischen scheint der Pass in die Breite die Norm geworden zu sein, während doch damit das Problem nur verlagert, aber nicht gelöst wird.
Es wird wohl deutlich, dass der Raum auf dem Spielfeld wie ein roter Draht durch meine Vision vom Fußball läuft. Und damit meine ich vor allem Raum für sich selbst zu schaffen. Daneben muss Fußball im Prinzip die Vollendung des Mittelfelds sein. Weil man auf diese Art viel sinnvoller mit dem Raum umgegangen werden kann. Dabei ist die davor liegende Aktion elementar, bei der man meist das Gegenteil von dem machen muss, was man eigentlich will.
Ein Beispiel: Wenn ein Außenspieler den Ball in seinen Fuß gespielt haben will, dann muss er zuerst tief gehen und danach wieder zurück, um dann einfacher genau in den Fuß angespielt werden zu können.
Genauso wie man manchmal einen Ball nach hinten spielen muss, um ihn dann in die Tiefe zu spielen.
Dabei geht es nicht nur um die Aktion allein, sondern auch darum, wie der Rest der Mannschaft mitdenkt und antizipiert. Mit anderen Worten: jede davorliegende Aktion darf nicht aus reinem Selbstzweck durchgeführt werden. Das Schöne am Fußball ist, dass jede Aktion auf jeder beliebigen Position auf die eine oder andere Weise in Verbindung mit einer anderen Aktion steht.
Zum Beispiel im Fall des Außenstürmers. Um den Ball in den Fuß gespielt zu bekommen, muss er zuerst eine Aktion in die Tiefe des Raumes starten. Nur wenn im selben Moment der Mittelstürmer das Gleiche tut, dann wird der Raum zugestellt, in dem der Außenstürmer eigentlich in Aktion kommen will.

Darum irritiert es mich so oft, wenn der Einfachheit halber gerufen wird, ein Außenstürmer habe versagt, wenn das Problem genau durch andere verursacht worden ist.
Gerade ein Außenstürmer steht und fällt mit dem Zusammenspiel von vorheriger und abschließender Aktion.

Dann zum Umschalten bei Ballverlust. Ganz besonders wenn man als angreifende Mannschaft weiß, dass man defensiv weniger stark ist. Aber wenn die Angreifer es schaffen, vorn zu verteidigen, wodurch die Verteidiger des Gegners gezwungen werden, ihre Handlungsschnelligkeit zu erhöhen, dann erhöht sich die Chance auf einen missglückten Querpass. Eine Abwehrreaktion, die also durch die Stürmer eingeleitet wird, die nur mitverteidigen müssen, in dem sie einen Abstand von vier bis fünf Metern überbrücken.

Das ist auch der Kern des „Totaalvoetbal", mit dem wir während der WM 1974 mit der niederländischen Nationalmannschaft so viel Eindruck gemacht haben. Neben der individuellen Klasse der Spieler ist dabei auch die Teamdisziplin ein sehr wichtiger Faktor. Man muss nicht nur mit sich selbst beschäftigt sein, sondern auch permanent seine Mitspieler berücksichtigen.
Das alles ist sehr eng miteinander verbunden. Es kann nicht sein, dass jemand allein anfängt, Druck auf den Gegner auszuüben. Dann funktioniert es nicht. Wenn jemand eine Aktion startet, dann muss die ganze Mannschaft nachrücken.
Wenn ich zum Beispiel einen rechten Verteidiger abdrängte, dann hatte ich seine rechte Seite im Auge. Dadurch wurde er gezwungen, mit seinem linken Fuß zu spielen. In diesem Augenblick kam Johan Neeskens von links und damit wurde der Gegner noch einmal gezwungen, noch schneller mit seinem linken Fuß zu agieren. Dadurch wird sein Problem noch größer.
Um das wiederum zu machen, musste Neeskens seinen Gegenspieler allein lassen. Der stand dadurch frei, aber konnte nicht mit Neeskens mitgehen, weil aus der Abwehr heraus Wim Suurbier auf die Position von Neeskens gerückt war. Weil er dann auf Wim aufpassen musste, stand dieser Gegenspieler mit dem Rücken zum Duell zwischen

Neeskens und mir mit seinen Mitspielern. So kam es schnell und effektiv zu einer Überzahl-Situation.
Kurz zusammengefasst: Ich setzte den Gegenspieler auf seiner starken Seite unter Druck, Neeskens machte dasselbe an dessen schwacher Seite und Suurbier sorgte wiederum dafür, dass der Gegenspieler von Neeskens gezwungen wurde, in seiner Position zu bleiben. Das geschah alles in einem Umkreis von fünf bis zehn Metern.
Das ist das Wesen des Totaalvoetbal, man tut, was man sieht. Und nie das, was man nicht sieht. Der eine fängt etwas an und der andere verändert seine Position und unterstützt dies.
Übrigens der Beweis dafür, dass man das Spiel beeinflussen kann, ohne im Ballbesitz zu sein. Als Fußballer und als Mannschaft muss man immer auf der Suche nach Nadelstichen sein, um den Gegner zu stören.
Anders herum gilt natürlich das Gleiche. Sobald man merkt, dass der Gegner Schwachstellen versucht auszuspielen, muss man in der Lage sein, die richtige Antwort zu geben, den Gegenzug einläuten.
Als wir früher mit Ajax mit Extra-Pressing spielten, wechselten wir häufig den Linksback aus gegen einen zusätzlichen Stürmer, wodurch ich etwas mehr von links aus der zweiten Linie zu spielen begann. Der Gegner wusste, dass ich links gut war, aber nicht so stark wie rechts. Also versuchte man, mich nach außen abzudrängen, weshalb ich mit rechts flanken musste.
Schließlich wurde aus einem Nachteil doch noch ein Vorteil, denn ich trainierte besonders meine Flanke mit der rechten Außenseite, wodurch wiederum vor dem Tor für den hereinlaufenden Spieler der Effekt der gleiche war.
Der Vorteil entstand auch dadurch, dass ich den Ball mit der Außenseite auf der Hälfte des Schrittes spielen musste, was doch einen Bruchteil einer Sekunde schneller als normal war. Oft wurde der Verteidiger durch diese Beschleunigung überrascht und es ergab sich eine Torchance.
Es ging hier also nicht um ein Zirkuskunststückchen, sondern um eine funktionale Aktion: So wie funktionaler Fußball oft auch noch schönen Fußball zur Folge haben kann.
Es geht immer darum, wie man die Probleme reduzieren kann. Nicht durch komplizierte taktische Maßnahmen, sondern meist durch logisches Nachdenken.

Wie wenig dies passiert, sieht man vor allem bei Spielen, in denen der Gegner auf einmal mit zehn Spielern dasteht. Das sollte eigentlich ein Vorteil sein, aber oft sieht man, dass ausgerechnet die Mannschaft mit diesem Vorteil Probleme bekommt. Das erklärt sich dadurch, dass man sich auf einmal keinen Rat weiß, wie mit dem Raum umzugehen ist, der entsteht, weil der Gegner sich zurückfallen lässt. Häufig sieht man, dass der Ball hinten im Kreis rund gespielt wird und der Gegner also ungenügend unter Druck gesetzt wird.
Die einzige Methode dies zu verhindern, besteht
darin, auf dem gesamten Spielfeld Eins-gegen-Eins zu spielen. Der erste Vorteil entsteht durch die enorme Erhöhung des Spieltempos zustande. Kein einziger Gegner kann in Ruhe den Ball spielen, und wenn dann jemand den Ball verliert, entsteht mit einem Mal Raum und eine bedeutsame Überzahlsituation. In dieser Sekunde muss die gesamte Mannschaft damit beschäftigt sein, für den frei werdenden Spieler so viel wie möglich herauszuholen.
Wenn du so agierst, kann sich der Gegner keinen Fehler erlauben, du aber schon, weil du dann einen Spieler abstellen kannst, der zwischen Verteidigern und Mittelfeld operiert. Er muss genau da stehen, umso mehr Chancen auf den abgewehrten Ball zu bekommen, wodurch der Gegner wiederum stark unter Druck gesetzt wird.
Wenn man so spielt, ist das natürlich keine Garantie für einen Sieg, aber es ist die Sicherheit, in jedem Fall eine große Anzahl von Chancen herauszuspielen.
Und doch fällt mir auf, dass in der Ehrendivision Tore immer öfter nach Ballverlust fallen und nicht Resultat von Kreativität sind. So wie ich auch bemerke, dass Spieler in Situationen gezwungen werden, in denen sie nicht auf ihre beste Art und Weise funktionieren können, sondern in denen ihre Unzulänglichkeiten zu Tage treten. Während doch so gespielt werden muss, dass jeder Spieler in der Mannschaft zu seinen optimalen Möglichkeiten kommen muss.
So höre ich oft, dass niederländische Fußballer angeblich nicht verteidigen können. Aber wie kann man von einem Innenverteidiger erwarten, dass er gut verteidigt, wenn er als Außenspieler funktionieren muss? Dadurch wird die Basis gelegt für falsche Zuordnungen in der Mannschaft.

Genau wie ich damals mit Barcelona verteidigte. Die zwei Backs waren frühere Außen. Klein und schnell. In der Mitte stand Ronald Koeman. Nicht schnell, aber wohl einer mit einer hervorragenden Übersicht.
Weil wir im Mittelfeld mit einer Raute spielten, agierte Pep Guardiola im Mittelfeld mehr nach hinten in Richtung Koeman orientiert. Auch keine richtigen Verteidiger, aber zusammen verfügten sie über ein ausgezeichnetes Kurzpassspiel (Guardiola) und einen glänzenden Pass in die Tiefe (Koeman). Der einzige Auftrag von Guardiola bestand darin, dass die beiden äußeren Mittelfeldspieler nicht mehr als 15 Meter voneinander entfernt standen. Er stand dazwischen.
In dieser Konstellation war es wichtig, fernab vom eigenen Tor zu spielen. Wenn ein Ball tief über Koeman gespielt wurde, dann sorgte der Keeper für die Rückendeckung und bei einem Querpass vertrauten wir der Schnelligkeit der Backs.
Obwohl die beiden Backs und die zwei zentralen Verteidiger keine echten Verteidiger waren, stand die Abwehr wie eine Bastion. Und der Rest der Mannschaft funktionierte. Es ist einfach nur eine Frage auszuloten, wie jeder am besten zu seinem optimalen Spiel finden konnte.
So sollte es sein, aber die neue Generation von Trainern scheint anders eingestellt zu sein und schießt weit übers Ziel hinaus. Individuell ausgezeichnete Spieler können sich innerhalb der Mannschaft nicht in den Vordergrund spielen.
Darum ist es so wichtig, dass ein Verein eine klare Vision hat und daran in allen Gliederungen auch festhält. Natürlich auch bei der Wahl des Cheftrainers.
Ich vergleiche das einfach mal mit einer Mannschaft. Die besteht aus elf Spielern, jeder mit einer anderen Aufgabe. Diese elf Einzelteile müssen schlussendlich ein funktionierendes Ganzes abliefern. Bei den meisten Vereinen ist dafür ein einziger Cheftrainer verantwortlich. So wie bei vielen Organisationen nur ein Coach, nur ein Direktor und nur ein Vorsitzender das Sagen haben und alle Entscheidungen treffen.
Dabei ist doch für ein optimales Ergebnis eigentlich für jede Position innerhalb der Mannschaft ein darauf spezialisierter Trainer erforderlich. Weil eben kein Rechtsaußen mit einem Mittelstürmer zu vergleichen ist. Genauso wie man den Mittelstürmer von Bayern München nicht mit dem von Barcelona über einen Kamm scheren kann. Oder ein

Innenverteidiger, der es gewohnt ist, mit viel Raum in seinem Rücken zu spielen oder jemand, der immer verteidigen muss.
So wie der Typ Trainer auch zum Verein passen muss. Einige Trainer kommen hervorragend klar bei Vereinen, die dick zufrieden sind mit Erreichen eines sechsten Platzes. Eine ganze andere Erfahrung als bei Klubs wie Manchester United und Ajax, bei denen nur die Meisterschaft zählt. Eine gute Vereinsführung muss das berücksichtigen.
Auch muss dessen Fußballvision vor dem Hintergrund analysiert werden, inwieweit sie in die Zukunft geht, wodurch bestimmt wird, in welchem Ausmaß er seinen Mitarbeiterstab mitnehmen kann.
Dabei müssen die Verantwortlichen einkalkuliert haben, wie die Erfolgsaussichten sind.
Wenn das alles zuvor bedacht worden ist, dann kann die Position eines Cheftrainers in seiner ersten Saison nie zur Diskussion gestellt werden. Vielleicht aus Sicht Außenstehender, aber intern nicht. Das Risiko ist bekannt und auch, wie sich der Verein darauf einstellen und vorbereiten muss. Die gesamte Vereinspolitik muss dabei unterstützend wirken. In beinahe allen Fällen entstanden auch Probleme, wo dies nicht gut ausgeführt wird.
Darum hat Feyenoord das Glück, dass dort so jemand wie Wim Jansen ist, der zwischen Vereinsführung und den Coaches die großen Linien gewissermaßen überwacht. Auch bei Ajax geschieht vieles in dieser Richtung. Der erste Schritt wurde gemacht, indem jemand „aus der Kabine" in die Direktion gesetzt wurde, während im technischen Dreieck wiederum einer aus der Direktion dabei ist.
So sollte es funktionieren, so gehört es sich.

30
ZUM SCHLUSS

Man sich selbst am besten verkaufen, wenn man mit allen Beteiligten weiß, worum es geht. Das gilt auch im Fußball. Dann kann auch eine zusätzliche Dimension an die Rolle eines Sponsors wie der VriendenLoterij und einem Medienmann wie John de Mol übertragen werden.
Weil ich über meine Stiftung viel zuerst mit der Sponsor Loterij und später der VriendenLoterij zu tun hatte und weiß, wie viel sie für Kinder und den Sport tun, habe ich ein gutes Gefühl bei dieser Partnerschaft, die man mit der Ehrendivision vereinbart hat. Weil es eine Seite ist, die bereit ist über die weiteren Möglichkeiten nachzudenken, die der Profi-Fußball zu bieten hat.
Dasselbe gilt auch für John de Mol, allerdings kenne ich nicht gut genug, um sagen zu können, ob er weiter will als nur die Übertragungen von Fußball. Aber wenn ich sehe, was sein früherer Kollege Joop van den Ende gerade macht, dann habe doch Hoffnung. Der nämlich beschloss, seine Leidenschaft fürs Theater zu erweitern, wodurch er etwas fürs Zusammenleben und das junge Theater-Talent tun konnte. Solche Initiativen fand ich immer mehr als nur begrüßenswert.
Nun weiß ich, dass de Mol nicht nur ein exzellenter Geschäftsmann ist, sondern auch ein großer Fußball-Liebhaber. Es wäre schön, wenn er seine

Programme für andere Dinge öffnet als nur fürs Übertragen von Spielen. Ich meine damit die unzähligen vielen Möglichkeiten, die der niederländische Profi-Fußball bietet, um zu demonstrieren wie großartig er auch außerhalb des Spielfeldes ist.
Um es zu verdeutlichen: Ich war einige Male in Südafrika. Ich freue mich jedes Mal, wenn ich sehe, wie stark die Verbindung zu den Niederlanden noch ist. Zudem sprechen die Menschen immer noch mit einem niederländischen Dialekt. Das ist einfach schön.
Egal wo ich Urlaub mache – ich bestelle immer den südafrikanischen Wein mit holländischen Namen, der auf der Karte steht. Sie haben einen Draht zu den Niederlanden, also habe ich eine Beziehung zu Südafrika. Es ist eine Art enge Verbindung miteinander, die ich auch spürte, als ich einige Projekte der Stiftung besuchte. Und wenn es so funktioniert, dann gibt es auch Chancen für den bezahlten Fußball. Und damit meine ich nicht, mal eben einen Verein aufkaufen, ein paar Trainer dort einstellen und die besten Spieler wegholen, sondern etwas beitragen, dass das Band zwischen dem niederländischen und südafrikanischen Fußball für immer festigt.
So etwas ist nicht nur im Ausland, sondern auch in den Niederlanden möglich – wie man zum Beispiel an den kleinen Spielfeldern sieht, die die Johan-Cruyff-Stiftung zusammen mit dem Fußballverband anlegt. Nicht nur um darauf Fußball spielen zu können, sondern um auch andere Sportarten zu betreiben. Dies beweist zudem, dass es auf eine recht simple Weise möglich ist, um andere vom Fußball mitprofitieren zu lassen.
Und warum auch nicht? Fußball ist der größte Sport und dann sollte man als großer Bruder sicherlich ein bisschen auch an andere denken. Denn wenn man zusammen viel zustande bringen kann, wenn man bewiesen hat, dass man gut mit Geld umgehen kann und Talenten eine gute Zukunft öffnen kann, dann ist man zu viel mehr in der Lage. Und wenn auch noch Hauptsponsor und die TV-Partner da mitgehen wollen, dann ist man auf dem richtigen Weg, um aus den Niederlanden eine gute Sportnation zu machen.
Man kann wohl alles wollen, wenn allerdings auf den Schlüsselpositionen die verkehrten Leute sitzen bleiben, dann geht es nicht mehr weiter. Natürlich arbeiten viele gut ausgebildete Menschen im Fußball, aber das

Problem ist oft, dass sie das Wesen des Sports nicht kennen oder kein Gefühl dafür haben.
Ein gutes Beispiel bietet die heutige Situation.
Bis auf ein paar Ausnahmen scheinen alle Topklubs in Europa mühelos in der Lage zu sein, Schulden zu machen. So viel Geld, so ein Status und dann doch rote Zahlen schreiben.
Der Kern des Problems ist begründet in der Tatsache, dass mit Ausnahme von den USA in keinem Land in die Ausbildung der Sportler investiert wird. Darum muss auch in den Niederlanden zuerst hier der erste Schritt gemacht werden. In Amsterdam sind wir durch das Cruyff-Institut damit schon seit Jahren beschäftigt, aber die Idee davon muss noch viel mehr in die Breite gehen.
Je schneller dies in Gang gesetzt wird, desto besser. Schließlich sprechen wir hier nicht von einem Zehn-Jahres-Plan, sondern über etwas, was schon in drei Jahren gut funktionieren kann.
Für den Fußball geht es um Ausbildung von Fußballern auf allen Ebenen ihres Sports. Also auf Leitungsebene, aber auch in den Bereichen Marketing, Merchandising und was auch immer. So eine spezielle Ausbildung ist nötig, weil Sportler nun einmal anders gelernt haben zu funktionieren als viele andere Menschen. Ein Profi-Fußballer hat zum Beispiel gelernt, Kritik einzukassieren und immer praxisbezogen zu denken.
Eigenschaften die schon gleich mit dem heutigen Schulsystem der Niederlande kollidieren. Hier muss ein Sportler zur Schule, während die Ausbildungseinrichtungen wie das Cruyff-Institut Unterricht da erteilen, wo die Sportler sind.
Worum es vor allem geht ist, dass wir weg kommen müssen von einer Situation, in der unglaublich viel Know-how über den Sport verloren geht, nur weil Profi-Fußballern nicht die Möglichkeit geboten wird, während ihrer Laufbahn ein Studium zu absolvieren, das unmittelbar mit dem Fußball zu tun hat. Wenn man das löst, ergeben sich nur Vorteile.
Egal ob es nun das Cruyff-Institut ist, der Fußballverband oder eine andere Organisation, bildet Fußballer für den Fußball aus. Im Interesse unserer Zukunft. Ich bin mir sicher, dass in 65 Jahren immer noch Millionen Menschen einen wunderbaren Sport genießen können. Genauso wie ich dies in den vergangenen 65 Jahren getan habe.

2016

1 Technik
„Die Basis"

2 Taktik
„Wissen, was man tut"

3 Kreativität
„Schönheit des Sports"

4 Lernen
„Übung macht den Meister"

5 Entwicklung
„Ein starker Kopf in einem starken Körper"

6 Verantwortlichkeit
„Teil von Führungsqualität"

7 Respekt
„Achte auf das Gute beim anderen"

8 Coachen
„Als Team muss man sich immer helfen“

9 Zusammen spielen
„Miteinander schafft man mehr als allein“

10 Initiative
„Traue dich anzufangen“

11 Persönlichkeit
„Sei ehrlich zu dir selbst“

12 Teamspieler
„Allein kannst du nicht gewinnen“

13 Integration
„Teile deinen Spaß mit anderen“

14 Soziales Engagement
„Die Basis von allem, auch im Sport“

CRUIJFFIAANS

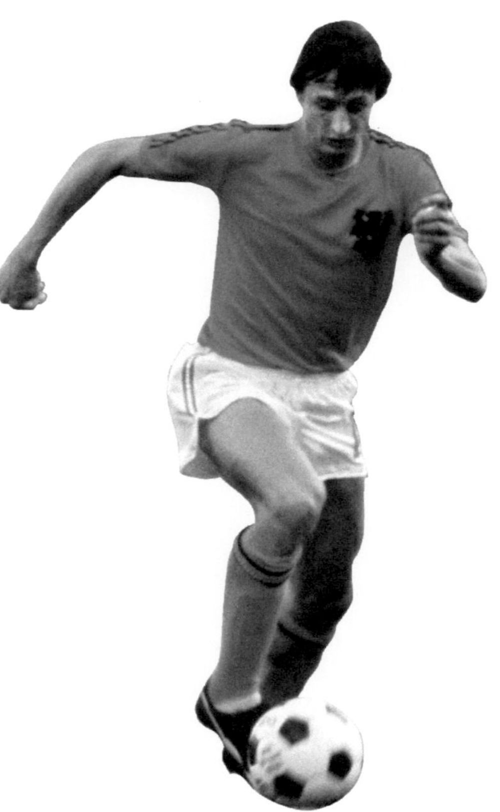

Cruijffiaans – so wird der einzigartige Sprachgebrauch von Johan Cruyff bezeichnet. Es zeichnet sich dadurch aus, dass Fußballausdrücke, typisch Amsterdamer Sprache vermischt mit paradoxen Einsichten und Selbstverständlichkeiten. Diese Einzeiler haben Johan Cruyff auch berühmt gemacht- auch wenn, wie niederländische Literaten bekräftigt haben, vieles schlicht und einfach sprachlich falsch ist.
Der niederländische Schriftstelle René Appel hat es wunderbar formuliert: „Johan Cruyffs Sprachgebrauch ist dadurch zu erklären, dass er in Gedanken schon viel weiter ist als seine Worte." Das geht in so einem hohen Tempo, dass es ab und zu schief läuft – was Johan auch wusste, es aber nicht verbesserte, weil er schon beim nächsten Aspekt war.

Auch in Spanien hat „Cruijffiaans“ Spuren hinterlassen. Einer seiner Lieblingsausdrücke „En un momento dado“. Was so viel bedeuten soll, wie: „In einem gegebenem Augenblick“ - in Spanien wurde daraus gar der Titel eines Films.

Die – natürlich 14 – markantesten Cruyff-Sprüche:

1. „Dreiecke sind essentiell fürs Positionsspiel.“

2. „Wenn wir den Ball haben, können sie keine Tore schießen; es gibt nur einen einzigen Ball.“

3. „Die Basis für eine gute Verteidigung ist vor allem das Kleinhalten des Feldes.“

4. „Die beste Art, einem Kind das Fußballspielen beizubringen, ist betreuen und begleiten, nicht verbieten.“

5. „Wenn man schneller spielen will, kann man zwar schneller laufen - aber im Wesentlichen bestimmt der Ball die Geschwindigkeit des Spiels.“

6. „Vier hinten und vier im Mittelfeld kann nie funktionieren; die Dreiecke fallen weg.“

7. „Ein guter Fußballer tut nie etwas, was er nicht kann.“

8. „Wenn Italiener eine Chance im Spiel bekommen, machen sie zwei Tore daraus.“

9. „Es gibt viel mehr einfache als schwere Bälle in einem Spiel.“

10. „Mit gutem Fußball gewinnt man die meisten Spiele."

11. „Ich habe noch nie allein gewonnen."

12. „Man wird es erst sehen, wenn man es gemacht hat."

13. „Technik besteht darin, in einem Mal den Ball zum nächsten Mitspieler durchzuspielen."

14. „Die Basis vom Fußball ist der Ball. Der Gegenspieler muss also dem Ball hinterherlaufen."

NACHWORT

„So muss man spielen, jede Mannschaft sollte so spielen"

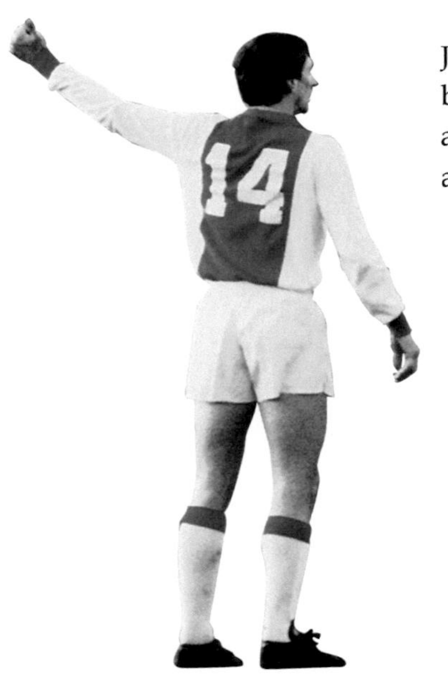

Johan Cruyff: „Ich stehe für eine Ära, in der bewiesen wurde, dass Fußball gleichzeitig attraktiv und erfolgreich sein kann, und außerdem sehr viel Spaß macht."

Von Egon Boesten

Dass Holland und Spanien bis heute die Avantgarde des Fußballs sind, geht weitgehend auf die Ideen eines schmalen Jungen aus Amsterdam zurück. Bundestrainer Joachim Löw schaute sich da so einiges ab und führte die DFB-Elf zum vierten WM-Titel. Der FC Bayern profitiert von

Cruyffs Trainerzögling Pep Guardiola. Selbst den Deutschen, die ihm seine bitterste Niederlage beibrachten, hat er am Ende geholfen, besser Fußball zu spielen.

Johan Cruyff, der auf den Namen Hendrik Johannes Cruijff getauft wurde, aus dem Amsterdamer Stadtteil Betondorp stammt, nahe des früheren Ajax-Stadions Watergraafsmeer, hat den Fußball so durchdrungen wie kein anderer vor ihm und nach ihm. Der legendäre argentinische Trainer Luis Cesar Menotti würdigt „…die holländische Mannschaft von Johan Cruyff, der die WM zwar nicht gewann, der die Idee des Fußballs an sich revolutioniert hat…" Deutschlands Günter Netzer fühlte und fühlt sich Johan Cruyff tief verbunden: „Ich habe Johan über alle Maßen bewundert." Über dessen Wirken beim FC Barcelona sagt Netzer: „Was er in dieser Zeit erschaffen hat, war einmalig. Das haben seine Nachfolger, insbesondere Pep Guardiola, zur Perfektion veredelt. Aber den Grundstein zu allem hat Johan gelegt."

Groß geworden nahe des alten Ajax-Stadions im Amsterdamer Stadtteil Betondorp kam der

Straßenfußballer und spätere „Europas Fußballer des 20. Jahrhunderts" Johan Cruyff 1964 zu Ajax Amsterdam. Dort entstand der Voetbal totaal, ein visionärer Fußball mit ausgesprochen hohem Pressing – was Österreichs Trainer-Denkmal Ernst Happel nach einem Spiel mit dem HSV gegen Ajax zu der Aussage brachte: „Das ist das Größte, was ich bisher gesehen habe!"

Die englische Presse nannte ihn den „Pythagoras des Fußballs". 1971, 1972 und 1973 gewann Ajax den Europapokal der Landesmeister, ein WM-Titel blieb ihm versagt. In Barcelona wurde er nach seinem Wechsel 1973/74 als „El Salvador – der Erlöser" gefeiert und gewann gleich mit Barcelona die spanische Meisterschaft. 1984 beendete er nach dem Gewinn der niederländischen Meisterschaft mit Feyenoord Rotterdam seine Fußball-Karriere als Spieler.

Nach Barcelona kam er 1987 zum zweiten Mal als „Erlosser", als Erlöser. Als Trainer stellte er die Jugendfußballausbildung auf den Kopf und gewann mit dem FC Barcelona 1992 (mit dem Torschützen Ronald Koeman) die Champions League.

Cruyffs Lebensweg war keine gerade Linie. Mit seinem alten Klub stritt er sich – um 1984 mit Feyenoord niederländischer Meister zu werden.

Mit dem niederländischen Fußballverband wurde er sich nicht einig, nachdem Gullit, van Basten und Co. ihn als Nachfolger für den scheidenden Europameister-Trainer von 1988, Rinus Michels, für die WM in den USA - vergeblich - forderten.
Ob sein alter Klub Ajax Amsterdam der Cruyff-Linie im globalen Fußballgeschäft treu bleiben kann - diese Frage wird jede Saison neu gestellt und muss neu beantwortet werden, angesichts der dramatischen Spielerverkäufe, die Ajax getätigt hat und tätigen muss.
Keine Frage ist jedoch, wie großartig das Erbe von Johan Cruyff ist, das in diesem von ihm selbst verantworteten Band, der im Original wörtlich übersetzt überschrieben ist mit „Mein Fußball", Zeile für Zeile nachvollziehbar ist. Viele sehen heute nicht von ungefähr, unabhängig vom Gewinn von Titeln, Spanien und die Niederlande als Avantgarde des Fußballs. In beiden Ländern ist, wenn über Fußball und über Fußball der Zukunft gesprochen wird, stets der Name Cruyff im Mittelpunkt. Die DNA von Barcelona und Ajax buchstabiert man sowohl in Spanien wie auch in den Niederlanden mit C - R - U - Y - F - F.
Johan Cruyff hat weltweit preisgekrönte Trainer und renommierte Spieler geprägt und inspiriert - unter ihnen auch so einer wie Lucien Favre: „Er machte alle besser", schwärmt der Schweizer Coach von Borussia Dortmund, der Gelegenheit hatte, beim Trainer Johan Cruyff in Barcelona zu hospitieren. „Er war der beste Spieler aller Zeiten", sagte Michel Platini über Cruyff.
„Er hat den größten Einfluss auf den Fußball gehabt, zuerst als Spieler und dann auch als Trainer." — Sagt Pep Guardiola, der unter Cruyff in Barcelona gespielt hat. Pep Guardiola: „Vergesst die Titel. Ich habe mehr Titel als er gewonnen." Was wie Selbstbeweihräucherung klingt, ist in Wirklichkeit die tiefe Verbeugung vor einem der Größten, die der Fußball je gesehen hat. „Johan hat die Kathedrale erbaut. Wir halten sie nur instand." Guardiola über seinen Lehrmeister Cruyff und dessen Vermächtnis: „Dieses Vermächtnis bemisst sich nicht in Trophäen.
Es ist vielmehr der Fakt, dass er Veränderungen durchgesetzt hat. Er veränderte Ajax Amsterdam, den FC Barcelona, die Niederlande, Spanien... Johan verlieh uns Informationen, aber auch die Grammatik des Spiels. Ich wusste nichts über Fußball, und Johan gab mir alles.
Er öffnete uns eine faszinierende Welt."

Willem-Alexander, König der Niederlande und großer Fan von sportlichen Topleistungen, würdigte den weltweit bekanntesten Niederländer: „Mit dem Tod von Johan Cruyff verlieren wir einen einzigartigen und brillanten Sportsmann. Er hat unseren Fußball bereichert und ein neues Gesicht gegeben. Er gab sein Herz und seine Seele, um jedem den Zugang zu seinem Sport zu ermöglichen. Er war eine Ikone der Niederlande – er war einer von uns." Deutschlands Toni Kroos meinte nach dem Tod von Johan Cruyff am 24. März 2016: „Der Himmel hat einen neuen Spielmacher." Und Xabi Alonso (spanischer Fußball-Weltmeister 2010) ist sich sicher: „Die ‚14' wird niemals mehr dieselbe sein." Und Thierry Henry, der Marco van Basten verehrte, Cruyffs Nummer 14 trug und den holländischen Stil à la Cruyff bewunderte, erzählt jedem, der es hören will: „So muss man Fußball spielen. Jede Mannschaft sollte so spielen!" Das Schöne ist: Jede Mannschaft kann so spielen. Johan Cruyff, der schmalbrüstige Junge aus Amsterdam-Betondorp hat es aufgeschrieben. Herman van Veen hat die Bedeutung von Johan Cruyff für den Fußball in einer Ode an „JC (Fußballer)" zusammengefasst.

JC (Fußballer)

der fühlt
wer
wo
hätte stehen müssen
um
einfach
zu treffen

der weiß
dass wer
das nicht
begreift
all die Jahre
verloren hat

HERMAN VAN VEEN

JOHAN CRUYFF – DIE ERFOLGE

ALS SPIELER

Mit Ajax Amsterdam:
Niederländischer Meister 1966, 1967, 1969, 1972, 1977, 1982, 1983
Pokalsieger: 1967, 1970, 1971, 1972, 1983
Europacup der Landesmeister: 1971, 1972, 1973
Weltpokalsieger: 1972
Europäischer Supercup: 1972

Mit FC Barcelona:
Spanischer Meister: 1974
Spanischer Pokalsieger 1978

Mit Feyenoord:
Niederländischer Meister: 1984
Niederländischer Pokalsieger: 1984

Persönliche Erfolge:
Topscorer Niederlande: 1967, 1972
Niederländ. Fußballer des Jahres: 1967, 1968, 1969, 1971, 1984
Sportler des Jahres (NL): 1973, 1974
Europas Fußballer des Jahres: 1971, 1973, 1974

Bester Spieler des WM-Turniers: 1974
Bester ausländischer Fußballer der Primera División: 1977, 19/78
NASL Most Valuable Player Award: 1979
Europas Fußballer des 20. Jahrhunderts

ALS TRAINER

Mit Ajax Amsterdam:
Niederländischer Pokal: 1986, 1987
UEFA-Cup-Sieger: 1987

Mit FC Barcelona:
Spanischer Meister: 1991, 1992, 1993, 1994
Spanischer Pokalsieger: 1990
Spanischer Supercup: 1991, 1992, 1994
UEFA-Cup: 1989
Europacup der Landesmeister: 1992
Europäischer Supercup: 1992

Persönliche Erfolge:
World Soccer Manager: 1987
Mondial Coach: 1992, 1994
Bester Trainer der Primera División: 1991, 1992

AUCH EMPFEHLENSWERT

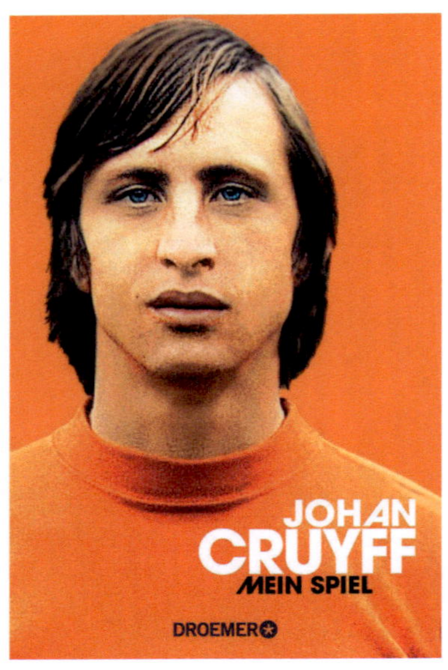

Johan Cruyff:
Mein Spiel – die Autobiografie

Droemer 2016
ISBN: 978-3-426-44080-3
19,90 Euro

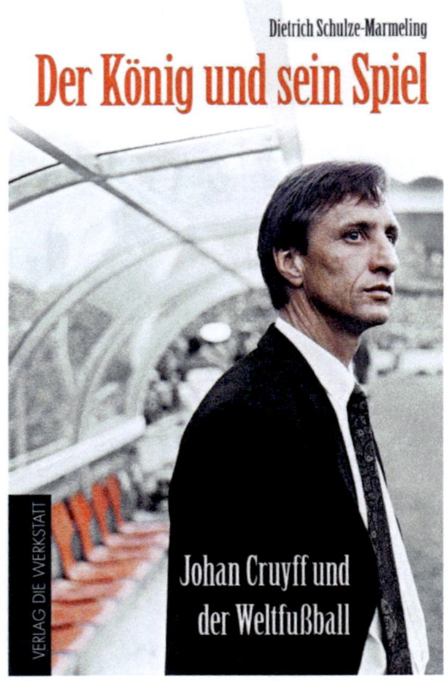

Dietrich Schulze-Marmeling:
Der König und sein Spiel

Die Werkstatt Verlag 2012
ISBN: 9783895338458
19,90 Euro